你好！我是主持人

我是

费诗云 ◎ 著

主持人

NEWS

中国出版集团

现代出版社

图书在版编目(CIP)数据

你好！我是主持人！/ 费诗云著.——北京:现代出版社,2013.1 （2024.12重印）
（我的未来不是梦）
ISBN 978-7-5143-1046-7

Ⅰ.①你… Ⅱ.①费… Ⅲ.①主持人–生平事迹–世界–青年读物②主持人–生平事迹–世界–少年读物Ⅳ.①K815.42-49

中国版本图书馆 CIP 数据核字(2012)第 297810 号

我的未来不是梦—你好！我是主持人！（主持人）

作 者	费诗云	
责任编辑	刘春荣	
出版发行	现代出版社	
地 址	北京市朝阳区安外安华里 504 号	
邮政编码	100011	
电 话	(010) 64267325	
传 真	(010) 64245264	
电子邮箱	xiandai@cnpitc.com.cn	
网 址	www.modernpress.com.cn	
印 刷	唐山富达印务有限公司	
开 本	700×1000 1/16	
印 张	12	
版 次	2013 年 1 月第 1 版第 1 次印刷 2024 年 12 月第 4 次印刷	
书 号	ISBN 978-7-5143-1046-7	
定 价	47.00 元	

序 言

　　这套以"我的未来不是梦"命名的丛书，经过众多编者的数年努力，终于以这样的形式问世了。

　　此时，恰值党的"十八大"刚刚胜利闭幕，选举出了以习近平同志为首的党中央领导集体。"十八大"报告中对教育领域提出："坚持教育为社会主义现代化建设服务、为人民服务，把立德树人作为教育的根本任务，培养德智体美全面发展的社会主义建设者和接班人。"这使我们编者更感此套丛书生即逢时，契合新时期新要求，意义重大。

　　我们编写的这套《我的未来不是梦》系列丛书，精选了古往今来的一些重要职业，尤以当下热点职业为重。而"梦想的实现"则是本套丛书的核心。整套书立意深远，观点新颖，切合实际，着眼实用，是不可多得的青少年优质读物。

　　我们深信，这套丛书必将伴随小读者们的生活与学习，而促进他们德智体美全面健康的成长。更使他们对未来充满信心，驾驭着新知识和新科技，驶入海洋，飞向蓝天，去实现最美好的梦想！

目录 CONTENTS

第一章

说说主持人

◇导读◇

　　在每一个时代里，都会留下那个时代的文化印记，都有着它自己的文化特征。唐诗宋词元曲的兴盛，美国好莱坞电影的崛起，都是时代所留下的文化特征和文化现象。20世纪60年代以来，随着电视事业的发展，主持人这个行业，在人们的心目中变得越来越吸引人了。甚至有好多的主持人，已经成为了新一代人们所追崇的偶像。

■ 什么是主持人？

当今，主持人已经变成了一个越来越受人们关注的职业，有很多年轻的朋友开始萌生想要做一名主持人的想法。现在不少主持人的影响随着广播电视节目悄悄地走进了千家万户。主持人的队伍也在渐渐地壮大起来。

21 世纪，我国的广播电视事业还在继续发展，同时会有更多的人来关注主持人这个行业。伴随着时代的进步，主持人这个职业也需要有更多的新鲜血液注入进来。

一定有很多人想知道，到底什么样的人才能成为一个主持人，而主持人又需要一些什么样的素养，需要具备哪些能力，以及所需要的知识储备。那么接下来的几个篇章里，会结合一些著名主持人的亲身经历，来向大家展现主持人的风采，以及从他们身上能学到的关于播音主持的知识。

对于"节目主持人"这一概念究竟该如何来定义，说法各不相同。简单来说主持人就是具有信息采集、编辑、播音、控制场面等多种业务能力，在一个相对固定的节目里，作为主持者和播出者，集编辑、记者、播音员于一身。

在广播或电视中，出场为听众、观众主持固定节目的人，叫做节目主持人。

张亚芳先生对主持人的概念是这样界定的："节目主持人就是以真实的个人身份组织、串联节目内容，同时又能亲自参与节目并从头至尾地在节目中起主导作用的单个的人。他与所主持的节目是一对不可分割的联姻体。"

赵玉明和王福顺在《广播电视词典》中是这样为节目主持人定义的：

"在广播电视节目中，以个体行为出现，代表群体观念，以有声语言为主干或主线驾驭节目进程，直接面对受众，平等地进行传播的人。"

无论是哪一种定义，都有其不完美的地方，但是，我们从中可以总结出一点，就是主持人是担任着大众传播工作的媒介人。

主持人是非常受人们欢迎，也非常受人们关注的一种职业。在如今更加缤纷多彩的生活中，广播电视与广大人民的生活也越来越贴近了。如今的主持人，无疑也已经是璀璨的"明星"了。

作为公众人物的主持人们，常常因其在节目中的表现而迅速红遍大江南北。这让很多年轻的朋友们，在心中默默羡慕主持人这个行业，也慢慢心驰神往了。

其实主持人离我们的生活并不遥远，就像是我们生活中的好朋友一样，主持人对每一个人来说，并不是遥不可及的行业。如果想成为一名主持人，首先应该了解播音主持这样一个既熟悉又陌生的行业。

世界上最早的主持人起源于美国。在我们回顾人类广播电视的历史时，我们可以看到早期的主持人的样式。随着人类社会的精神文明不断发展，传播信息这一意识渐渐在人类的头脑中清晰地呈现出来。根据传播媒介的不同，人类文化历史又可分为不同的时期。

当进入到 20 世纪后，随着广播电视技术的产生和发展，利用无线电波传递声音图像的电子传播方式开始兴起，从此人类进入了电子文化传播的时期。美国宾夕法尼亚州匹兹堡市的 KDKA 电台，是世界上第一家正式领取执照的广播公司，它诞生于 1920 年 10 月。到了 1936 年，最早的电视台在英国诞生。

随着广播电视节目的产生和开始播出，在广播中说话的人，就成为播音员。于是播音员这个职业随即诞生。刚开始的时候，播音员的工作就是在节目中播新闻，放唱片，讲故事，猜谜语等。

到了 20 世纪 50 年代的时候，"节目主持人"一词在美国的广播电视节目中出现了。英文为 Anchor，意为"接力赛跑中的最后一棒"，这个词最早由美国哥伦比亚广播公司的编导唐·休伊特提出的，他是针对电视新闻

报道通常表现出的呆板而零散的状况而提出，为了把节目中与节目相关的报道串联起来并作一番综述。

在节目主持人一词出现之前，主持人这个行业一般被称为电视评论员、新闻分析员等等。但是，这已没有阻止一些著名主持人的诞生，比如爱德华·默罗、沃尔特·克朗凯特等等。

主持人的价值与魅力，完全是从与观众交流的过程中体现出来的。如果没有和观众的交流，也没有观众的参与和认可，那么，对于主持人来说，就算再好的节目，也没有自己的存在价值。

主持人，应该以个体化、具体化的身份，走到观众的心中。满足节目需要的同时，也要满足观众的需求，在节目中塑造出"自我"。

主持人在广播电视节目中具有非常重要的作用，是一个节目的控制者。一个主持人的好坏，决定着这个节目的成败。

一个节目的主持人，能使广播电视节目中的内容更集中，也更统一。看似散乱的内容，在主持人的"穿针引线"下，变得错落有致。这样一来，呈现在观众面前的电视节目，也就显得非常自然顺畅了。

在电视节目中，主持人为了达到节目特定的传播效果，会有意识、有目的地引导观众，一步一步走向主导意图，使观众明白节目的主要内容，从而深刻理解节目的中心思想。以平等的心态与观众进行良好的沟通，这是主持人应尽的义务，也是主持人工作的职责。当主持人在面对不同类型的电视节目时，应适当调整自己的主持风格和方式。

对于新闻节目的主持人来说，就要做到客观公正，观点独到，并且，一定要有较强的逻辑性。例如，中央电视台《早间新闻》栏目的主持人。

而对于综艺节目，或者娱乐节目的主持人来说，就应该是自然活泼、幽默诙谐的风格，并且应该具有较强的应变能力，以及调动场内和场外气氛的能力。

主持人不同的主持风格，可以推动节目的创新。这就是说，主持人的主持风格对电视节目的形成，起着举足轻重的作用。很多时候，一个主持人的个性形象，会成为一档电视节目最明显的标志。

我的未来不是梦

你好！我是主持人！

■ 主持人所具备的属性及特征

在我们的生活中，主持人作为一种职业出现，一定有它独特的职业属性。电视节目的出现本身就是一种文化现象，而主持人则是电视节目的文化和个人文化素质的体现，因此，主持人具有文化属性。

主持人的文化，是通过在节目中与观众交流时所展现出来的。作为电视节目这种文化产品的重要组成部分，主持人的个人知识文化素养和人生观、价值观，都充分体现出了每个主持人个人的文化气息。出现在电视荧屏上或广播节目中的主持人，不仅仅是展现了他个人的气质，同时也体现了一种崇高的文化精神。比如，倪萍在主持节目时，所形成的一种温馨和柔情的主持风格，就是一种文化的体现。

节目主持人相对于播音员、记者是有所不同的。

主持人与播音员虽然都是广播电视的工作人员，但是二者的身份是有区别的。播音员的职责很单纯，就是以编辑提供的稿件为准，来传达或播报。他们所表达的只是稿件所要反映出来的内容，而不可以掺杂任何个人情感和观点。播音员只是信息的一个转述者。

而主持人的不同之处，就在于他们以个人身份出现，并且，在观众面前所表现出来的应该是一个真实的我。不应该是信息的转述者，而是要将自己的性格特点与主持特色在节目中充分体现出来。要在节目中有鲜明的个性和个人魅力，并以此来配合广播电视节目的进程。

除此之外，主持人与播音员的交流方式与传播方式是有区别的。

播音员的交流方式仅仅是单向传播，这种"一对多"的传播方式，使得

播音员对受众有一种非常不具体的感觉。而节目主持人则不同,节目主持人的交流方式一般是"一对一""一对几",或者也可以是"一对多"的交流方式。主持人可以看到感觉到自己的交流对象,因而可以直接进行双向交流。

电视节目主持人同记者之间的区别是非常显著的,因为两者具有完全不同的工作性质。记者的任务就是采集并报道新闻,而主持人的任务则是主持一次节目的播出。记者所面对的是某一条新闻的采访及报道,而主持人所面对的,则是一档节目中的所有新闻。

但是随着传媒行业的发展壮大,如今越来越多的"记者型主持人"发展起来。这一类主持人往往在新闻访谈类节目中比较常见,他们的工作不再是单纯的记者工作,或者是主持工作,而是记者和播音的双重兼备的工作性质。记者型主持人在整个节目中有着举足轻重的作用。

首先作为主持人,他应该是整个节目的支撑人物,要求集中体现电视创作人员的创作意图以及呈现创作成品。其次,记者型主持人,既要有记者所具备的对新闻的敏感,又要掌握一定的访问技巧。在我们的生活当中,无论是什么事物,或者是什么行业,都会有他们与众不同的特点,做一个电视节目主持人,同样如此,也有区别于其他行业的特点。著名学者俞虹概括出主持人的一些基本特征,分别是社会性、可信性、审美性、个性化、情感性、能动性等诸多方面。

作为广播电视节目主持人,在大众传播的活动中,并不是一个个体行为,而是由个体出面来表现一个群体的意识,是大众传播活动中的一个媒介。

当人们的意识,随着社会的变化而变化时,主持人的思想和意识,也同样会随着变化而打上时代、民族甚至是文化的烙印。从主持人的言行中,一定会看到一定的社会共性和不同的社会个性。根据传播学的理论来看,传播主体的可信度决定了传播效果的强弱。这就说明,作为传播主题的节目主持人,如果想要为观众提供他们所需要的政治经济文化等众多方面的信息,并与此同时达到传播的良好效果,这就要求主持人在观众的心目中,一定要具有可信性。

一个主持人的可信度,取决于他平日里的道德情操和敬业精神,甚至

包括他的知识储存。人格力量是取得观众信任的关键因素。一个传播者，他的威信越高，说服力就越大，传播效果就会越好。所以，主持人的可信度与他的知名度是成正比的。

作为一个节目主持人，应该以传播真善美为自己的职责，而主持人本身，其实就应该是真善美的化身。所以，审美性是主持人的一个突出特征。而主持人的审美性要求主持人应该具有高尚的道德情操和孜孜不倦的敬业精神，而这些正是主持人内在美的表现。

一个人的言谈举止所散发出来的是缘起内心的状态，而这种内心状态正体现了他的心灵。作为处于大众传媒的一个很特殊位置的主持人，心灵美是非常重要的。一个主持人在语言上应该达到标准的同时，应该富有节奏感，在形象上也应该是端庄大方的。所以说，主持人的审美性，其实也是符合了观众审美的心理需求。主持人不仅要具备上述属性，同时也应该个性化。一个优秀的广播电视节目主持人，一定是具有非常鲜明的个性特征的，因为只有表现出个性来，才会使节目富有顽强的生命力，因为非常鲜明的个性特征可以吸引观众，这是走向成功的保证。

主持人的个性形象是他们自身综合素质的体现。如果想要自身的个性与整个节目的个性相协调，那就一定要服从节目的个性特点，在此前提下，将个人的特色融会贯通其中，相得益彰。

除了这四种属性，主持人还具有情感性和能动性。情感是因为主持人虽然是大众传媒的一种传播形式，但是并不能完全脱离人际传播，因为，主持人是一定要和观众面对面的，甚至是直接的交流与沟通。而主持人在主持节目的过程中，要善于使自己的内心情感始终处于饱满而积极的状态，才能让自己自始至终都会感情充沛。而能动性是主持人的基本特征，无论是什么类型的主持人在主持哪种类型的节目，都需要主持人充分发挥在节目中的主导作用。这不仅仅是作为一个主持人的权利，同时也是主持人的职责。

一名优秀的主持人，一定要针对节目现场的情况，充分调动自己的智慧和能力，并且及时对主持方式作出调整。主持人在应对突发事件时的思维是否敏捷，也是作为主持人是否优秀的一个评价标准。

■ 我国的主持人行业

中华人民共和国的人民广播于 1940 年 12 月 30 日在陕北的革命圣地延安诞生,作为第一位播音员的徐瑞章(播音时的名字叫做麦风)的第一次播音"延安新华广播电台,XNCR,现在开始播音……",明朗又响亮,非常振奋人心,与当时国统区的反动、奢靡、腐化和有气无力的播音形成鲜明的对比。徐瑞章的第一次播音,标志着我国人民广播的开始。

1981 年元旦,中央人民广播电台的《空中之友》节目开始播出,标志着我国广播节目主持人真正的诞生。该节目的主持人徐曼女士,则成为中国广播电视史上第一个名正言顺的广播节目主持人。

自从《空中之友》开始播出后,中国大陆的广播才第一次出现"节目主持人"的称谓。而在这一次节目播出之后,中国大陆上的不同地方,各个角落,均有一些新型的节目崭露头角。比如,广东电台李一萍、李素主持的《大众信箱》、小潺主持的《青年之友》等一大批节目。

随着这些有主持人的栏目类节目的崛起,非常迅速地提高了广播节目的收听率。而主持人的这样一种播音形式在 1983 年 3 月第 11 次全国广播工作会议上,得到了充分肯定。从此以后,栏目式广播节目和节目主持人进入了蓬勃发展的时期。

在人类的传播史上有两次重大的革命,一次是印刷文化的出现,还有一次,就是电视的问世。进入电视传播的时代,电视节目主持人也相继诞生了。中国的电视节目主持人最早出现在 20 世纪 60 年代。那时候,刚建

立不久的北京电视台出现了节目主持人。

1981 年中央电视台播出了一档叫做《北京中学生智力竞赛》的节目，这是中国第一次在屏幕上打出了主持人这一称谓。

■ 如何成为一名主持人

  节目主持人作为传播者是媒体与受众之间的桥梁,随着电视事业的发展,随着受众精神、物质生活水平的提高,对于主持人的要求也越来越高。

  对于受众来说,主持人应亲切自然、真实可信,而对于广播媒体来说,主持人应该是有真正能胜任这项工作能力的人。

  而节目主持人的类型是分好多种的,不同类型的主持人所专攻的方向也是有所不同的。如果根据节目形式来分的话,有一般栏目主持人,有演示栏目主持人,有晚会主持人,有娱乐节目主持人,有谈话节目主持人,有竞赛栏目主持人。然而这样的划分,主要在于主持人对于栏目形式的理解和把握,更好地与栏目形式柜匹配。有的主持人能够胜任好几种形式的节目,虽然这不一定有利于主持人发展。

  还有一种常见的分类方法,就是按照节目的内容的不同来分类。有新闻类栏目的主持人,有经济类栏目的主持人,有文艺类栏目的主持人,有文化类栏目的主持人,有体育类栏目的主持人,有服务类栏目的主持人,有少儿类栏目的主持人,有学术类栏目的主持人。

  如果细分,每一类下面还可能分若干类别,特别是新闻类栏目,涉及社会生活多个方面,如经济、法制、军事、教育、人物等。这样的划分,主要是依据主持人自身的知识结构、个人兴趣爱好和气质面貌。如此一来,将主持人也分门别类之后,再寻找适合自己的定位,就很容易了。从哪几个方面努力,也就十分清楚了。良好的个人形象和素养对于节目主持人来说是

我的未来不是梦

非常重要的。

作为一个电视节目主持人，不一定要美丽或者是英俊，但一定要端庄大方。因为一个主持人的外表条件，会直接影响到观众对节目定位理解。而一个主持人也不一定要有多么洪亮的嗓音，但一定要让人感到愉悦。一定要掌握正确的表达技巧，以及准确的发音。所以，清晰流畅的口头表达能力是一个主持人所必须具备的。纯正的普通话，悦耳的声音和准确、生动并富有个性的表达，是主持人的基本要求。一个主持人的语言基本功一定要好，这样，才能让观众充分理解栏目内容并且吸引观众。

一个优秀的主持人不仅要有这些基本素质，广博的知识储备也是非常有必要的。做主持人就要对所主持的节目所涉及到的专业知识有广泛的了解与研究。只要拥有浓厚的文化积淀，才能在采访、主持的过程中做出有深度有内涵的报道。

比如《看东方》的主持人靳羽西女士，她通过自己拥有的学识和能力，为东西方之间架起了一座文化撞击的桥梁。

以此看来，主持人不仅要掌握主持的专业知识，而且还应该对政治、经济、科技等等不同领域里，有更广泛的了解。比如著名主持人克朗凯特凭借着自己对航天科学知识的熟悉，在阿波罗登月的报道中深入浅出、滔滔不绝，从而吸引了众多的观众。

在节目的录制现场，尤其是直播现场，随时都有各种情况发生，这时，就需要主持人有一定的控制现场的能力，以及对突发事件的应对能力。尤其是在谈话节目中，主持人一定要在适当的时候，巧妙的将偏离主题的谈话扭转回来。

作为一个节目的主持人，应该视观众为朋友，与观众近距离交谈，无形之中，就拉近了与观众之间的距离，同时也增加了亲切感。而朴实无华的亲和力应该是一个电视节目主持人所应该具备的。

比如中央电视台一档叫做《对话》的节目，录制现场总是能够形成一种热烈参与的气氛，这样的气氛就要求主持人不仅与嘉宾互动，更要与现场观众直接对话，形成互动。

作为主持人，还应该具有良好的心理素质和处乱不惊的冷静。主持人应当以端庄大方的姿态面对观众，被千家万户所接受。并且积极地、适时地向观众朋友们报告你的"所见所闻"。每一次主持都要充满自信。

与此同时，主持人的个性化能给节目带来意想不到的效果。新闻节目主持人的个性化主要表现在通过自己外在的气质和内在的修养，并加以或温文尔雅，或端庄大方，或老成寺重的形象来引起观众的共鸣。

做一个合格的主持人，除了要有丰厚的基础知识，还应该有很多其他的能力，比如，要会采访、能写能演等等，这些也都是作为主持人的基本功。而要练好这些基本功，除了勤学苦练之外，也是有一定技巧的。

先来说说主持人的解说技巧。主持人的工作主要是靠口头表达，而主持人说话的才能和技巧，将是一档节目的关键。如今的主持人，基本上都能做到准确表述内容，传达感情这些基本的要求，而且还有较强的记忆力，能够在较短的时间内背诵出较长的主持讲稿。

然而如果想在此基础上做一个优秀的主持人，这些基本的技巧是远远不够的，需要付出更多的努力，来掌握更多的技巧和能力。

在一档电视节目中，节目主持人一定要做到滔滔不绝，但是一档节目中主持人说话的时间也是有限制的，一定要掌握好这个时间限制，要做到，长话短说、开门见山、通俗易懂、机智灵活，并且从容不迫。

只有掌握了这些技巧，主持人才能在节目中有效地传播，发挥节目的最大作用。节目主持人的表演技巧也很重要，但这里说的"演"和演员的表演是不一样的。主持人如果像演员一样在节目中表演，那就不真实了，这里所说的"演"是一种"非角色表演"，使用自己的语言、动作、身体以及表情来传达信息，这是一种具有自我意识的、有目的的自我控制。

一般来说，主持人的肢体动作、面部表情或者是语气语调等，在节目中都是应该多加注意的，往往这些容易被忽略掉的肢体语言，能够更好的调节节目的现场气氛。主持人这个庞大的队伍，在从有到无，从幼稚到成熟的发展过程中，各类节目中主持人逐渐成熟起来，并越来越凸显出他们的重要性。

我的未来不是梦

　　就我国新闻类的主持人来说，他们与西方的新闻类节目主持人完全不同，他们根据我国的具体情况，而走出的一条具有中国特色的主持人道路。他们会深入实际，选择与大局密切相关的，同时又是受众关注的典型事件或话题。我国新闻主持人直接出现在采访现场，从提问和对话中，观众可以对新闻事件进行全方位的了解。

　　我国主持人行业越来越成为大家所关注的行业，因此想成为主持人的人也越来越多，所以，选拔主持人的标准也在不断提高。很多高学历的，并且热爱电视事业的，有敬业精神的，同时社会阅历也非常丰富的人加入到主持人的队伍中来，这无疑使主持人的整体素质和节目质量得到了显著提高。

　　但是目前，我国主持人仍缺乏应有的职业满意度，很多主持人并没有把主持工作看作是可以为之奋斗终生的职业。缺乏足够的职业满意度，让很多主持人没有将主持作为可以终生追求的职业理想，一部分人倾向于在离开主持岗位后走上管理岗位，除了少数具有管理才能的特例之外。这种现象是对人才资源的一种浪费。

　　从我国节目主持人的成长历程和发展方向以及目前存在的种种问题来看，媒体在对主持人选拔时的管理体制有明显不足。因为观念上有失偏颇，所以造成重外表，轻内涵；重年龄，轻阅历；重语言，轻表达。

　　另一方面，由于我国长期以来形成的新闻体制及观念，存在着众多的条条框框，因而难以形成富有个性特色的节目主持人。

　　随着体制改革的发展，从综合环境来看，节目主持人普遍没有更多更充裕的时间来读书，以此提高和充实自己。而我国节目主持人所面临的问题，不单单是某些人的原因，而是主观与客观相互依存的结果。

　　我国媒体和主持人应该借鉴美国主持人以主持为根基进行跨界发展的做法，提高主持人在收入和成就感方面的满意度。媒体要为主持人打造有广阔发展空间的专业通道，鼓励以主持人为核心进行跨界发展，使其有动力将主持作为终生的职业理想，这可以通过两种方式来实现：

　　一是创造一个逐渐上升的专业发展通道，让主持人能在这个通道内逐

级发展,在收入、待遇、工作内容、影响力、成就感等多方面提高主持人的职业满意度,改变目前职业潜力没有得到充分挖掘、主持人的成功只以知名度而不是以影响力来衡量的现状;

　　二是尝试基于主持的成功进行跨界发展,形成主持事业与跨界发展互相推动的状态,把跨界发展作为一种生存方式和品牌打造方式。跨界发展要紧紧围绕主持人的品牌内涵来进行,要有策划,有目标,鼓励一部分品牌影响力比较大的主持人率先进行跨界发展尝试。

● 智慧心语 ●

业精于勤，荒于嬉。行成于思，毁于随。

— 韩愈

人类的希望像是一颗永恒的星，乌云掩不住它的光芒。特别是在今天，和平不是一个理想，一个梦，它是万人的愿望。

—— 巴金

知识是从刻苦劳动中得来的，任何成就都是刻苦劳动的结果。

—— 宋庆龄

第二章

磨难是一笔宝贵的财富

◎导读◎

　　人们在面对磨难的时候，总是持有不同的态度。有的人恐惧，有的人退缩，有的人唱着"不经历风雨，怎么见彩虹"，还有的人唱着"阳光总在风雨后"。当然，不管人们如何看待磨难，磨难对我们来说，永远都是一笔宝贵的财富。只有经过磨难，我们才能对生活有更深切的洞察；只有经过磨难，我们才能静观荣辱得失。一个人如果能够忍受得了磨难，那么他也能够尝到成功的喜悦。

■ 每颗珍珠原本都是一粒沙子

　　花花草草只有经过了风吹雨打，才能茁壮成长，并散发出令人心旷神怡的清香；小燕子只有经历了数日的艰难险阻，用小嘴无数次衔来"建筑材料"，才能建造出自己温暖的巢。动物植物都可以用自己的意志经受住磨难的考验，从而拥有了属于自己的阳光。

　　对于不同时代的人来说，有不同的磨难经历。有的人认为，吃窝头，穿带补丁的衣服是一种磨难；有的人认为，挑灯夜学是一种磨难。但不管是哪个时代的磨难，只要能够经受住这些磨砺的人，才能够品尝到胜利的果实。一个人，越是经历磨难，就越有可能摘取成功的桂冠。

　　成人应该这样，孩子应该这样，不同的行业中的人都是应该这样的。无论我们做什么事情，都是要经历无数考验的，主持人也是一样。一个优秀的主持人，更是需要各种挑战，各种磨砺。台湾著名主持人吴宗宪在冠以"著名"二字之前，就曾经历过无数的磨砺。

　　吴宗宪在成名之前，曾经做过歌手，在他第一次参加校园演唱会的时候，主办方告诉他，你来唱歌吧，给你两千块。但是随后主办方又打来电话说，叶佳修老师临时有事来不了了，你能不能兼做主持人，给你三千块。吴宗宪连连点头说好啊好啊。

　　可是在去之前，对方又打来电话说，叶老师还是可以来的，做主持和唱歌，你选一样吧，给你两千块。吴宗宪想了想咬咬牙说，我要做主持。因为当主持，他在台上的时间就可以长一些，而且他还可以借机会和同学多多

交流,顺便锻炼舞台的调控能力。

但是校园演唱会并不是那么好做的,台下的学生观众如果有任何的不满意,就会起哄,而且现场的条件也是极其有限的,正因为这些原因,也就逼迫主持人不得不锻炼出各种各样的看家本领,才能控制好整个现场。而这种磨练正好为吴宗宪日后的成功奠定了非常坚实的基础。

当然,这仅仅是个开始。吴宗宪在以后的主持生涯中,经历了更多的磨砺。有一次,吴宗宪被告知可以去《钻石舞台》录节目。他早上10点钟就化好了妆,在影棚里等待着,可是没人理他,一直到了中午,蹭了份盒饭后,下午继续等,仍然没有人理会他。最后等到了晚上,又蹭了一份盒饭,之后依然没有人理他。

就这样等到了晚上11点多,人都走的差不多了,连乐队都开始收拾乐器了,他找到了制作人,打了个招呼说,我是吴宗宪。谁知,对方听后只是很简单的回了一句,"哦,你是吴宗宪的宣传啊。"

吴宗宪听后直摇头,回了一句,"我就是吴宗宪,我是歌手。"

对方哦了一声,并把这声"哦"的音拉了好长好长,然后非常木然的告诉他,今天录完了,下次我们再叫你过来吧。

吴宗宪听后,看着空空荡荡的影棚,瞬间感到非常悲伤。但是他在心里反复的说,"我会再来。"

接下来,吴宗宪常常是一边跑着这种龙套,一边跑校园。最后在1995年时,30岁的吴宗宪终于成为华视综艺节目《笑星撞地球2:战神传说》的外景主持人。并且在此后,成为了台视《超级星期天》节目的固定班底与《天天乐翻天》的主持人。

吴宗宪在真正成为主持人之前,是经历了非常多的磨难的,主办方的不屑一顾,观众的横眉冷眼,人间世态炎凉……虽然已经走上了主持人的道路,但是接下来所遇到的磕磕碰碰,更是多之又多。

有一次,他在出外景的时候,为了节目需要,他必须在水牛背上被甩到泥坑里去。水牛一发力的笑,他整个人就飞出去,摔入泥坑,浑身裹满了泥巴,然后还要在观众哈哈声中再跳上去。但是此时,他的右腿已经受了伤,

可是他还是依然保持着微笑,并再一次被甩出去,最后,完成了那个一脸笑容的镜头。

完成拍摄之后,冲洗腿上的泥巴时,受伤的地方已经露出了白色的骨头,吴宗宪看片场确实没事,自己开车去医院处理伤口。

梨园届里流传着这样一句话,"要想人前显贵,就得人后受罪",这样一句话,同样适用于吴宗宪,他没什么身份背景,但是,他非常努力,因为他除了努力,别无他法。

吴宗宪克服了种种困难,勇往直前,他用他的亲身经历,再次证实了那句歌词,"不经历风雨,怎么见彩虹,没有谁能够随随便便成功。"

成功对于每个人来说,都是一件非常热血沸腾的事情,而人们总是从磨难中获得很多并且很深的教益。而我们想要成为卓尔不群的人,那就一定要练就一身本领,让自己拥有鹤立鸡群的资本才可以。而这样的资本,除了三分天注定,便是靠七分的打拼了。所以,磨难对于我们来说,并不一定是件坏事,而我们应该将它们看成一笔宝贵的财富。

央视著名主持人欧阳夏丹在自己的博客中说道:"成功的背后是有付出的。就像自己喜欢的歌手李宗盛歌中所唱:没有人能够随随便便成功。"

在欧阳夏丹考入中国传媒大学的时候,她的文化课是第一名,但是专业一般。于是,夏丹每天早晨 6 点就起床,到学校的操场上,对着白杨树和核桃树练习发声。到了第二年,已经不再有老师督促了,慢慢地坚持练习发声的同学也就少了起来,可是夏丹并没有放弃,而是继续坚持了下来。

这样不仅文化课的成绩仍保持着第一,专业课的成绩也有显著提高,已经到中上等的成绩了。当时有老师推荐她去主持学校艺术节的"歌手大赛",这让夏丹感到非常紧张。因为学校的同学们都是非常活跃的,他们会在一些场合起哄,或是喝倒彩,这让欧阳夏丹怀揣着不安的情绪。

但是当晚的同学们,却非常安静认真的观看节目,没有人起哄,也没有人喝倒彩,这让欧阳夏丹感到非常自信,也非常从容。而对欧阳夏丹来说,第一次的成功很重要,这次经历给她树立了非常大的自信心。第一次的成功虽然美丽,背后夏丹所付出的却是很多。

我的未来不是梦

抵制磨难所带来的消极情绪，而换一种积极向上的心态，古龙说，爱笑的女孩运气不会太差。不管是男孩女孩，没有人能够拒绝微笑，所以就连我们的生活，也是喜欢看笑着的我们。

借用一句话，每颗珍珠原本都是一粒沙子，但不是每粒沙子都能成为珍珠。最终能成为珍珠的，都拥有着一笔宝贵的财富，那就是这过程中所遇到的磨难。而成为一名优秀的主持人，更是需要有在专业上煞费苦工，历经磨难，通过这样拥有的宝贵财富，才是真正属于你自己的财富，别人抢不走偷不去！

逐梦箴言

人生的价值在于肯定生命，只有扬起生命的风帆，接受磨难对我们的考验，才能战胜一切痛苦，只有在同痛苦的抗争中，才能体会到人生的欢乐。

知识链接

吴宗宪：

台湾省台南市人，台湾综艺节目主持人，其王牌栏目《我猜我猜我猜猜猜》令其红遍华人世界。20 世纪 80 年代后期进军综艺节目，凭借独特的主持风格迅速窜红，收视率居高不下。有台湾"本土天王"、"综艺天王"的称号。

奇迹背后的智慧和勇气

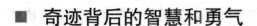

　　美国是一个传播事业非常发达的国家,而爱德华·默罗正是这一事业中的一位卓越人物。很多人都看到了他开创的"新闻联播",还有他推出的"现场直播",这的确是他的伟大功勋,但成功的背后,有着一段又一段让人看来惊心动魄的故事。他用他所拥有的智慧和勇气开创了一个又一个奇迹。

　　在第二次世界大战的前夕,希特勒想要用"闪电战"吞并整个欧洲。1937年,默罗被派往伦敦,担任哥伦比亚公司新闻部的主任。1938年春,德国向奥地利发出战争叫嚣,准备吞并奥地利,3月11日,默罗得到德国军队已经越过了奥地利的国境线的情报。于是,他毫不犹豫地指挥助手立即回到伦敦,在当天晚上就维也纳事件进行了第一次报道。而自己则非常果断地亲赴维也纳,观察事情的发展。根据事先做好的安排,3月12日,他的两个助手分别在伦敦和柏林,他自己在维也纳,三地同时进行了他的展示新闻开篇报道。之后,又连续组织报道了维也纳的陷落。

　　默罗的这一举动,开创了一个完全新型的节目,这也正是传播史上第一次"新闻联播"节目。这种独特的广播方式,带动了战时的新闻广播,对其后的战事新闻报道产生了深远的影响。

　　正是由于默罗在新闻事业中所呈现出的智慧,所以他所报道的新闻时效性很强,要比报纸早好几个小时。也正是由于默罗不惧危险而亲临现场的勇气,所以他的报道也就能更加深入到整个新闻事件中去。这是非常难能可贵的,也是非常值得人们钦佩和尊敬的。

我的未来不是梦

并且在默罗带领下的报道团队中，每一个成员都非常优秀，他们都是富有智慧与勇气于一体的勇者。美国《电视明星》一书，在提到默罗他们的团队时说它们"是一个非凡的、有教养的、才华横溢的群体，可以毫不夸张地说，是他们肇始了无线电广播报道的艺术。"

默罗创造了另一个奇迹，他是推出"现场直播"的第一人。

1940 年，第二次世界大战伦敦轰炸期间，默罗亲自站在德军轰炸的主要目标之一、英国广播公司的楼顶上，披着军用的胶布雨衣，穿梭在枪林弹雨之中，用平静的语调开始报道："你好，这里是伦敦……"

默罗曾乘坐扫雷艇在北海之中航行，深入到扫雷现场做报道。当盟军对柏林空袭的时候，默罗也紧随其后，在一架飞机上，随时播出战况。在这次行动中，他们同行的四个记者，有两位死在德军的炮火中，而默罗不但没有退缩，反而更加跟进，继续参加飞行报道。

有人问他为什么要这样做，默罗的回答很简单，他说："我有一种农民的头脑，我写不出没有看见的东西。"在默罗的思想里，这样的行为并不是什么匹夫之勇，而是他作为一个新闻工作者的工作态度，尽可能拿到第一手新闻资料。这就是默罗的又一个奇迹，第一个"这里是伦敦"现场报道，从此便有了"现场直播"。

默罗用他的智慧和他的勇气，开创了"新闻联播"和"现场直播"，因为人们从来就没有看过这样真实而生动的报道，就好像自己在亲身经历一样，而这也可以为当时的美国和欧洲人民，及时提供战时战况。

默罗用自己的能力为世人创造了价值，他也让世人看到了他的智慧和他的勇气。默罗是受人尊敬的，同时也是值得学习的。其实人人都可以创造出奇迹，珍珠还有大有小呢，何况奇迹。只不过，在奇迹的背后，是藏着智慧与勇气的，而智慧来自于头脑，勇气来自于精神。

要想真正拥有智慧和勇气，是需要不断加强自身能力，不断发展创新的。要奋发图强，要敢于尝试。要知道，如果拥有了智慧和勇气，就可以创造出奇迹。

逐梦箴言

人之所以存在，就是一撇代表智慧，一捺代表勇气。

知识链接

爱德华·默罗

美国广播新闻界的一代宗师，新闻广播史上的著名人物，CBS 的著名播音员。主持《现在倾听》《这里是伦敦》广播节目，被誉为"现场报道的鼻祖"。20 世纪 50 年代主持电视专栏《现在请看》《面对面》。

新闻联播

新闻联播，是指一种电视或广播新闻节目形式，即多家电视台或广播电台同时联合播出的新闻节目。

现场报道

现场报道，是指记者在新闻现场边采录音像（画面）、边采访、边解说报道的形式，包括直播和录播两种播出方式。现场报道就是主持人在新闻事件现场手持话筒将新闻事件的发生，发展向观众做口头叙述，同时通过镜头展示现场动态和环境。

■ 凡事都有第一次

在我们的成长过程中，我们已经会做很多事情了。当然，无论是最简单的生活技能，还是更进一层的生存技能，即便现在做的非常好，也是我们在生活中一点点积累，一点点学习而得到的。所以，人生要面临的第一次实在是太多了。任何一件事情都可以磨练一个人，对每一个人来说，第一次都是非常艰难的。虽然如此，可如果你敢于尝试，有勇气地迈出这一步，就意味着已经成功一半了。

年幼时第一次学走路，上学时第一次学习骑自行车，第一次站在讲台上做自我介绍，第一次……我们在经历了无数次酸甜苦辣的第一次之后，会慢慢发现，其实任何事情的第一次都不可怕，世上无难事，只怕有心人。鲁迅说过，"第一次吃螃蟹的人是很可佩服的，不是勇士谁敢去吃它呢？"

无论在哪一个行业里，我们都应该有这种勇士精神，要想做一名主持人，也同样应当如此。没有哪一个知名主持人天生就敢站在舞台上，就有一副好口才，在他们主持之路的开端，都有过第一次主持的经历。或者说，在他们成功的主持生涯中，都有过第一次主持某一个栏目，并且开创了一片新天地的经历。比如央视著名主持人赵忠祥老师，他第一次上镜的经历就非常有趣。

赵忠祥是第二位进入北京电视台的播音员。18岁的赵忠祥接到的第一个任务，就是给沈力当"备份"。那时候，新电视台刚启用，作为当时顶梁柱的沈力在新台址工作。然而新台经常出问题，赵忠祥当时的任务，就是

沈力在新台里念稿子时，他在老台里念同样的稿子，为保险起见，万一新台出现技术故障或电路问题，就把信号切回老台，让赵忠祥顶上去。

当时赵忠祥心想这都是领导过虑了，新台是万无一失，而他这边出镜的概率可能连十亿分之一的可能都没有。可是有一天晚上，就在沈力开始伴着音乐朗诵一部小说的时候，突然，荧屏上"雪片"纷飞，图像没了。

就在这时，黑了的屏幕上突然出现了赵忠祥的面孔。而他当时一点意识都没有，并且用了六七秒的时间，才判断出电视屏幕上的人是自己，顿时魂飞魄散，立刻转向镜头，摆出播出姿态，并学着沈力的样子开口："各位观众……"谁知他这句话还没等说完，信号就恢复了正常，沈力又一次出现在荧屏上了。

这就是赵忠祥第一次上镜的经历！虽然听起来非常有趣，并且在电视屏幕上出现了仅仅几秒钟，但他并没有因此而感到沮丧，也没有因此灰心，而是全力以赴，非常认真地做好一个"备份"的角色。

赵忠祥老师在面对自己第一次出镜的时候，虽然有些恐慌，但是没有胆怯，没有退缩，而是迎头应战。当然，除了赵忠祥老师，也有很多主持人在面对自己主持生涯中的第一次时，同样努力克服了胆怯和惊慌。

还有一位主持人，他第一次主持节目的时候，紧张得忘记了自己要说的词儿，他就是央视著名主持人朱军。

1988 年 9 月，朱军通过自己的努力，调入兰州军区战斗歌舞团。到了歌舞团的朱军一直没有固定工作，经常是在大幕还没有拉开的时候，给大家说段相声，然后回到幕后打杂。一次演出结束后，当时的兰州军区战斗歌舞团的曲艺队队长徐秀林老师，找到朱军，提出了让他做主持人的建议，朱军觉得自己除了说相声、打杂，还可以做主持人，觉得不错，就直接答应了。

有一天，团里的主持人因为工作安排跟着大部队回兰州了，于是小分队演出的主持人工作，就落在了朱军的身上。朱军为了做好这次主持工作，将写好的串词反复背诵，并将节目单卷成一个卷握在手里，由于紧张不得不在幕后来回踱步。

离开场的时间越来越近了，朱军偷偷的从大幕的缝隙往场下看去，看

到战士们坐了一大片，兴高采烈地等待着演出开始。朱军忽然感到心跳加速，不由出了一身的冷汗，一下傻在了那里。自己写的串词，本来背的滚瓜烂熟，突然间全都忘光了。

正当朱军紧张得一塌糊涂的时候，徐老师伴随着剧场铃声问朱军是否准备好了。过分紧张的朱军忽然一把抓住徐老师的胳膊，央求道："许老师，我觉得我不行。"

徐老师一听，立刻瞪大了眼睛，一把甩开朱军，喊道："到这个时候了，你敢说你不行？不行也得上！"

说完，徐老师和另一名战士一左一右走上去拉幕，而朱军下意识的抓着徐老师的衣角，愁眉苦脸地嘟囔着："等会……"

徐老师不容置疑的说："等？等什么！铃声就是命令！下面还有那么多战士等着开演呢！"说完，徐老师顺势推了一把朱军，朱军一个趔趄，正好被推到了刚拉开幕的舞台正中央。

一时间，掌声雷鸣，朱军脑袋"嗡"的一下，不知道该如何是好，于是，冲着台下深深地鞠了一躬。战士们一看主持人如此真诚，又是一阵轰鸣的掌声。于是，朱军又一次深深的鞠了一躬。其实朱军是想用这两次鞠躬来缓解自己的紧张情绪，并且努力回想自己已经背得滚瓜烂熟的台词。

可是，当他抬起头的时候，背过的台词全都不见了，只记得一句，"亲爱的战友们，大家好，我们兰州军区战斗歌舞团带着军区首长的关怀和深切的慰问，来到这里为大家献上精彩的节目，下面演出正式开始……"

这就是朱军第一次主持的经历，紧张得把已经准备好的台词，全都抛到了九霄云外去了，甚至还想要临阵脱逃，最后尴尬地被老师推到了舞台。

朱军说，舞台在那个时候就是一个枪林弹雨的战场，敌人是谁，其实敌人就是自己！瞬间需要打败的就是那个胆怯的、不知所措的自己！

什么事都有第一次，无论是几秒钟的上镜，还是被观众掌声吓得忘掉台词的经历，这些正是他第一次主持的难忘经历。

对于我们来说，这些都不是重要的，因为这都是别人的经历。关键是，我们将他们的经验挪为己用，我们要学会把阻碍和困难带来的烦恼和悲观，

转化成从另外的一面发现机会和契机——那么我们将面对的,是截然不同的心灵体验。

凡事都有第一次,敢于面对,敢于挑战,敢于做真正的勇士!

逐梦箴言

第一次成功很重要,而不断争取"第一次成功",其实就是蓄势待发、厚积薄发。成功也正因如此才会接踵而来。

知识链接

赵忠祥

中国中央电视台著名主持人。在中央电视台工作 40 余年,担任过新闻、专题、综艺等各类重要节目的播音与主持工作。主持过《春节联欢晚会》、国庆庆典等大型晚会,《动物世界》和《人与自然》,同时他还是全国政协委员,中国野生动物保护协会常务理事,中国环境科学学会常务理事。

朱军

1964 年出生,甘肃兰州人,中央电视台综艺频道节目主持人。《艺术人生》节目制作人、主持人。1981 年参军,1985 年进入甘肃省曲艺团;1988 年加入兰州军区战斗歌舞团。1991 年进入甘肃电视台,1993 年进入中央电视台工作。

播音员

从事广电等媒体新闻播报的人被称做播音员。播音员在播报新闻的时候,一般字正腔圆,不带任何感情色彩。所以说,对于一个播音员来说,更为重要的是自己的语言、音质,形象次之。

我的未来不是梦

■ 善待失败

人生中最难战胜的恰恰是自己。

韩乔生从小就非常喜欢体育，数年的锻炼使他既结实又健康。而韩乔生迷上体育解说，这还是有故事的。

还在上中学的时候，当时韩乔生家里没有电视机，他在收音机的广播里偶然听到张之、陈述、宋世雄的体育解说，在当时的韩乔生听来，从收音机里传出来的声音让他身临其境，竟有一种幸福感油然而生。因为工人体育场在学校附近，韩乔生和同学经常到那去做志愿者，由于是学生干部，他就经常拿着配给他的小喇叭给大家当起临时讲解员。

高二那年，他下定决心一定要做一名体育解说员。于是，韩乔生像着魔了一般，每天都念无数报纸，练习朗诵的节奏感，纠正吐字发音。一周至少六天他都是骑着一辆破旧的自行车穿梭于各大比赛场所，没有全国比赛他就去业余队比赛场，没有听众他就自己一个人疯狂苦练。

实习时他得到了第一次正式解说的机会，给中央人民广播电台解说一场部队的篮球比赛。虽然这一次的解说不是非常成功，但这次实习更增加了韩乔生想要成为一名真正体育解说员的信念。

实习快结束的时候，事情发生了转折，广播电台的人事部主任和体育组负责人虽然认可了韩乔生的个人素质，但是由于家庭出身的问题导致不能录用他。这对当时还很年轻的韩乔生来说简直就是一个摧残意志的打击。

韩乔生带着万分的失落，和受伤的心灵，流着泪十分不舍地离开了广

播电台。这一次的打击让他觉得，他这辈子再也没有机会实现梦想了。

这样的状态大概持续了有一个半月，韩乔生经过深思熟虑，决定上山下乡。于是，他开始了和大家一起睡土炕、吃粗粮的集体生活。韩乔生的知青生活过得愉快自然。慢慢地他想开了，没什么是不能理解和承受的。

虽然如此，但是韩乔生从来没有放弃过自己成为一名体育解说员的梦想，并继续练习朗诵，纠正吐字发音。

在1977年恢复高考后，韩乔生报了北大图书馆系，没考上。1978年他报考了北京广播学院（现中国传媒大学），专业分数竟排在男生第二位，但是因为家庭成分问题还是没被录取。又一次面临失败的他，仍然没有放弃，而是继续坚持。当时家庭成分主要涉及的是他的伯父，后来伯父的问题解决了，转机来了。于是他问中央人民广播电台的人事处自己再次推荐自己。当时央广已经过了招人的时间，人事处的领导考虑他专业优秀，所以就把他推荐给了北京人民广播电台。这对一个没有上过大学的年轻人来说是巨大的鼓励，美梦成真并没使韩乔生懈怠，而是更加努力。

韩乔生用他的经历告诉我们，现在的成就是靠多年努力而取得的。而即使遇到失败，也不代表今后不会成功。但是，如果一直沉溺在失败的悲痛中不可自拔，那未来一定不会有成功的光芒。

从失败中走出来，并走向成功的主持人，实在太多了，法国就有一位，被称为"黑珍珠"的黑人主持人奥德丽·普瓦。

还在学生时代的普瓦，就已经开始为新闻单位撰稿了，1994年她进入了一个地方电视台当记者，凭着她的努力，工作越来越出色，1997年被提升为副总编辑，后来又被提升为总编辑。

但是普瓦一直怀有远大的志向，虽然此时她正在逐步进入事业的巅峰期，但是她做了一个非常大胆的决定，在2002年毅然决然辞去了所有工作，只身奔赴巴黎寻找更广阔的空间。

事实上，早在2000年，普瓦就会每三个月到巴黎一次，为了寻找机会，能够在全国性的电视台展露自己的才华，但是，她一次次遭遇到婉拒。

长久以来，在法国的主流媒体中，不管是播音员、主持人，还是节目的

嘉宾，从来没有出现过黑人的面孔，在节目中黑人最多也就是扮演一个无足轻重的小角色。所以，显然普瓦的一次次失败，归根结底，都是因为她的肤色阻碍了她前进的脚步。

普瓦毫无办法，但是她并没有放弃自己的宏伟志向，于是只能放低姿态，从总编的位置上屈下身来。事情往往都是会出现绝处逢生的光芒的，就在普瓦一次又一次经历失败的时候，似乎出现了转机。

2002 年 4 月，普瓦在法国 LCI 电视台找到了一份工作，虽然只是一份按字数计报酬的小记者工作，但是这相对于一次次的失败来看，总算有一丝希望了。然而，这对于一个从总编位置上主动退下的普瓦来说，心理承受的压力，也是非常折磨她的。

但是普瓦贵在坚持，贵在她善待了这些失败，善待了这份心理压力，她卧薪尝胆，坚强不屈。最终，在经历了无数失败与压力之后，曙光渐渐明朗起来。

2003 年的 11 月，普瓦见到了法国电视三台的总裁普弗利姆兰，于是，这次见面给普瓦带来了一个在法国三台做"临时工"的考察机会。然而就是这次难得的考察机会，使普瓦得到了法国三台国家编辑部主任的高度赏识。在经过数次的试播之后，普瓦终于在 2004 年 9 月正式加入了法国电视三台。

普瓦这颗"黑珍珠"凭借着自己的努力和她善待失败的心态，在法国的电视屏幕中熠熠发光。普瓦从来不避讳自己是黑人的血统，她在接受采访时说，"我知道我是谁，我血管里流淌的是非洲黑人的血液。"不仅如此，她还强调，"勇于承认融合却不变自我，重新自我定位却不被异化。"

我们怀揣着梦想，为了梦想而奋斗，即便是跌到了，也可以爬起来，继续前行。拍拍身上的灰尘，振作疲惫的精神，远方也许尽是坎坷路，也许要孤孤单单走一程。但我们必须咬牙挺过自己的失败，并且要更加坚强。没办法善待失败的人，即使有一天他成功了，那么他也不会善待成功！

逐梦箴言

没有一个人会永远不败，每个人都应该善待失败。失败也是一种人生的经历，能够促使一个人更好的奋发向上。不能因为失败就灰心丧气，一定要咬紧牙关挺过失败。

知识链接

韩乔生

河北邯郸人，汉族。中央电视台著名体育播音员，主持解说多项体育节目，因出错多而以"大嘴"蜚声海内外，网友编有"韩乔生语录"，他喜欢在解说中做大胆的调侃。2007年客串网络电影《十面埋妇》中的公司老总。是央视优秀的主持人之一。

奥德丽·普瓦

法国首位黑人女主播。2004年9月6日正式加盟法国电视三台。《晚间新闻》主播。

体育解说

一般指体育比赛中，对现场比赛实况进行讲解的播音活动。体育解说有广播体育解说和电视体育解说两种。体育解说伴随现场音响或画面实况，可使听众或观众有身临其境之感，满足他们了解比赛详细情况的愿望。

我的未来不是梦

◎ 智慧心语 ◎

天将降大任于斯人也，必先苦其心志，劳其筋骨，饿其体肤，空乏其身，行拂乱其所为，所以动心忍性，曾益其所不能。

——孟子

真的猛士，敢于直面惨淡的人生，敢于正视淋漓的鲜血。

——鲁迅

第一次吃螃蟹的人是很可佩服的，不是勇士谁敢去吃它呢？

——鲁迅

失败也是我需要的，它和成功对我一样有价值，只有在我知道一切做不好的以后，我才能知道做好一件工作的方法是什么。

——爱迪生

第三章

人生当自强

你好！我是主持人！

◎导读◎

　　自强，是一种精神，是一种美好的道德品质。人自立，天助也。成功是自己的事，而不是别人的责任与义务。而成功靠什么？靠勤奋、勇气和智慧，还有在集体中他人合作的能力。作为一名主持人，更应该毫不吝啬地付出自己坚持不懈的努力和勤奋自强的精神。

■ 有舍才有得

自古就说"鱼与熊掌,不可兼得",人这一生总是要学会舍与得。"舍得"是一门艺术,同时,它也是一种人生的精神境界。有舍才有得,真正学会了"舍得"的人,懂得了"拿得起"和"放得下"的人,心胸一定豁达,生活一定充实。

著名央视主持人欧阳夏丹的成功之道,就在于她懂得在机会面前,有选择的放弃。只有将杯中水倒出,才能倒进更多的水。夏丹在她的成功路上有过两次"毁约"的经历,这也让她有了两次因为选择了一方面的放弃,而得到了另一方面的获得。

欧阳夏丹小时候的梦想并不是主持人,而是当老师,而对于主持人这个行业来说,她连想都没有想过。但是,当年她抱着试试看的心态报考了播音专业,并且通过夏丹一路的努力,成为当年广西考区惟一一个考上中国传媒大学播音专业的人。

四年的大学生活,夏丹的成绩一直非常优秀,文化课成绩一直都是名列第一,因此学校保送她就读研究生。接下来就发生了欧阳夏丹第一次"毁约"。

在所有人都为欧阳夏丹保送研究生而高兴的时候,上海电视台在挑选毕业样带的时候看中了夏丹。于是,夏丹做出了本科毕业后的第一次选择。放弃了在众人看来非常好的保研机会,而是选择了在上海电视台主持早间新闻节目。

事实证明,欧阳夏丹如此果敢的选择给她带来的"当家一姐"的名誉。在接下来的工作中,凭借着亲和、不做作的主持风格,欧阳夏丹迅速得到了

观众的喜爱，并且迅速担任播报上海台晚间黄金时段新闻的工作，从此成为了当家一姐。

这是夏丹的第一次"毁约"，在四年后，夏丹迎来了她的第二次"毁约"。

当年，一道新的选择题，摆在了夏丹面前。一个是继续留在上海，享受着她当时通过努力所拥有的一切劳动果实。另一个是去北京，在央视经济频道主持新节目，在一个全新的环境下重新开始。

上海台领导晓之以理动之以情，因为爱才不肯放夏丹走，并许以高薪，但是在欧阳夏丹矛盾犹豫了两个月之后，喜欢挑战的夏丹还是选择了放弃上海台的一切，将生活"归零"，选择了她的"北漂"生活。

事实又一次证明，欧阳夏丹的这次放弃同时也有所获得。我们在向自己美好生活奔跑的路途中，一定会遇到无数十字路口，在路口上所作出的选择应当有所承担，决不后悔。当你选择了其中一条路的时候，你就必须放弃另外一条，甚至是另外多条路。

在决定命运的关键时刻，欧阳夏丹有着果敢和坚毅的精神。她的两次"毁约"，让她有机会走向成功。有如此舍得精神的主持人不止欧阳夏丹一人，人们所面临的选择是不一样的，所以需要放弃的东西也是不一样的，小舍有小得，大舍有大得，不舍则不得。

说起《开心辞典》的主持人，除了主考官王小丫之外，还有一位甘为绿叶的李佳明。李佳明从区电视台、县电视台、市电视台的小主持角色，一步步成长，一点点蜕变，最终成为深受观众喜爱的央视著名主持人。他这一路走来，非常不容易。

已经入行十多年，在央视干了五年的李佳明，一直都在考虑"竞争力"的问题，他认为现在的自己虽然做出了一定的成绩，但谁都不能保证他就可以一直这样走下去，李佳明为此说："我与别人竞争的资本是在哪里？11年的主持经验能扛多久？"

在李佳明看来，自身的经验并不能代表自身的能力，而如果想要在今后的工作中更进一步，就要为自己接下来的十年、二十年、三十年而时刻准备着。当然，要不断为自己充电，学习新的本领，来为今后的路途做储备。

　　李佳明从重庆地方电视台经过自己的拼搏努力，一路走向中央电视台，走进《开心辞典》，得到了广大观众的认可。直到 2006 年，此时正值他的事业上升期，可他却做出了一个非常重要的选择，辞去了央视的工作，只身前往美国哥伦比亚大学攻读东亚政治学研究生课程。

　　李佳明从自己的辉煌中走出来，将自己的生活"归零"，选择了深造并重新开始。这需要一种非常的勇气，他懂得什么是有舍才有得。

　　这是一种对生活的态度，也是一种对人生的把握，无论怎样的选择，都要有信心在前进的道路上走到底。

逐梦箴言

　　舍得是一种好心态，会让你拥有一个好人生。看破了得与失的玄机，学会从得到中失去，从失去中获得。

知识链接

李佳明

　　中央电视台节目主持人。在重庆电视台工作期间，先后担任《重庆新闻》记者、主持人，《家人有约》制片人、主持人，《龙门阵》主持人、《缘分天空》主持人。在中央电视台曾主持《全国青年歌手电视大奖赛》《生活》《开心辞典》《绝对挑战》《CCTV模特大赛》等节目。

鱼与熊掌，不可兼得

　　出自孟子《鱼我所欲也》。本意不是说二者必然不可兼得，而是强调当如果不能兼得的时候，我们应当有所取舍。好的东西不要拥有太多，不然就体现不出其价值所在，就像"一山不能容二虎"，"金字塔顶上永远是最稀少珍贵的"，意在提醒世人知足常乐。

■ 了解并尊重采访对象

美国西点军校有一句名言，就是"态度决定一切"。一个人态度的好坏，决定了能否把一项工作做好，能否把事情做到最完美。而认真，则是工作的第一态度。只要认真，就可以赢得尊重，获得成功。

每一个人在做任何一项工作的时候，他的能力能够胜任这项工作是前提条件。能干、肯干、认真去干，这是最基本的工作态度，也是比较难控制的程度，因为事情往往都是说来简单做来难。

在主持人的行业里，既有大人物，也有小人物。小人物有小人物的主持方法，大人物有大人物的主持风格，当然，大人物之所以能够成为大人物，是因为他们付出了大量的辛勤劳作，和他们都拥有一颗热爱本职工作的心，最主要的是，他们有一个非常良好的工作态度。

主持人的采访，是不会有一个固定的采访模式的，因为首先主持人的性格特点截然不同，最主要的是，采访应该根据特定的时间、人物和特定的场景下特有的感悟而自由地展开。

然而要完成一次顺畅而成功的采访，就需要做到了解、尊重采访对象的个性特征。美国著名主持人迈克·华莱士，就做到了这一点，并且他做了一个出色的表率。

1968 年华莱士正式加盟了美国哥伦比亚广播公司的《60 分钟》节目，自从担任了这个新闻节目的出镜记者兼主持人之后，华莱士迎来了自己事业上的巅峰。华莱士采访的名人数不胜数，他曾先后采访了两位中国领导

人:1986年9月2日采访了邓小平,2000年8月15日,采访了江泽民。

华莱士是在意大利著名女记者法拉奇之后,第二位采访邓小平的西方记者。为了这次采访,华莱士做了大量的准备,他基本上阅读了几乎所有他能找到的关于邓小平的文字资料,并且,他同认识邓小平的人进行交谈。这些从他采访邓小平的过程中都可以看得出来。

华莱士后来回忆说,"邓小平不喜欢个人崇拜……在任何公共场所我都没有看到挂有他的照片和塑像。"就这一句话,就说明华莱士为采访邓小平所作出的细致观察。

在采访的过程中有这样一段对话:

华莱士:你有没有接受过一对一的电视采访?

邓小平:电视记者还没有。外国记者谈得比较长的是意大利的法拉奇。

华莱士:我读了那篇谈话,感到非常有趣。法拉奇向你提了不少很难回答的问题。

邓小平:她考了我。还不知道给我打多少分。她是个很不容易对付的人。

……

华莱士:那是不是说,当时让你扫地、做饭、劈柴等等也是好事?

(华莱士在这里这么说,是因为在采访邓小平之前,他做了详细的功课,通过《在江西的日子里》了解到邓家在"文革"中的一些情况。邓小平曾说过"那件事看起来是坏事,但归根到底是好事"。)

邓小平:说那些完全是好事当然不能那么说。我的意思是使不好的事变好。

从这两个细小的问题就可以看出,华莱士在采访邓小平之前所做的功课,属实是不小的。而且,整个采访中,华莱士一直都是在用一种非常具有"人情味"的采访。

同样在2000年对中国第三代领导人江泽民进行采访时,华莱士更是做足了功课。这一年,82岁的华莱士在北戴河访问了74岁的江泽民。这一次的访问,华莱士带着一份四页的采访提纲,正反面都是密密麻麻的字

迹,在采访提纲中,华莱士准备出了 100 个问题。

在正式采访之前,中美双方就采访的大纲讨论了数次,无论是书面文件,还是电话、面谈,都做了充分的讨论。

在采访过程中,华莱士说:"我看过关于你的 12 本书"。

江泽民微笑着回答说:"是吗? 他们当中没有一个采访过我。"

在这一问一答中,看得出,82 岁高龄的华莱士,仍然信奉着只有了解采访对象的个性特征,采访才能水到渠成顺利开展这一基本思想。

在他准备的众多问题中,还有这样几个问题:

华莱士:邓小平曾对您讲,"我希望您是这个领导班子的核心",您当时的答复是:我觉得如履薄冰。您当时肯定是在考虑自己是否做好了挑起这副担子的准备?

华莱士:四年前,您曾经到中国很重要的一家报纸《人民日报》,您对他们说,即使是一篇文章,哪怕一句话讲错了都可能会造成国内的政治不稳定。新闻就有这么大的力量?

华莱士:两年以前,您让军队退出生产经营,为什么要作出这一决定?

华莱士:四年之前,您曾召集一些学者和历史学家在北戴河开会讨论有关道德的问题,这也是我们在西方所面临的问题。

从这些简短、朴素的问题,可以看出来已经踏入 80 岁高龄的华莱士,在面对自己的工作时,依旧是保持着他的风格,和他认真的态度。

不仅在采访中国领导人时,他做到了对所有采访对象的深入了解,在他采访任何一位风云人物,或者说,在他所采访的每一位人物的时候,他都报以非常真诚,而认真的工作态度,这是作为一名新闻工作人员最基本的职业素质。华莱士可谓为我们做出了一个非常出色表率。

逐梦箴言

　　对于年轻人来说,不管现在他多么贫穷或者多么笨拙,只要他有着积极进取的心态和更上一层楼的决心,我们就不应该对他失去信心。对于一个渴望着在这个世界上立身扬名、成就一番事业的人来说,任何东西都不是他前进的障碍;不管他所处的环境是多么地恶劣,也不管他面临多少的艰难险阻,他总是能通过内心的力量驱动自己,脱颖而出,勇往直前。

知识链接

迈克·华莱士

　　美国记者、游戏节目主持人、演员以及媒体知名人士,在他长达 60 年的职业生涯中,采访了众多新闻人物。他从 1968 年开始担任美国 C5S 访谈节目《60 分钟》主持人,曾采访过多位政治人物,虽然华莱士在 2006 年 3 月 14 日宣布退休,但直到 2008 年,华莱士偶尔会以嘉宾主持的身份出现在《60 分钟》。2012 年 4 月 7 日,迈克·华莱士在美国康涅狄格州费尔菲尔德县新迦南(英语:New Canaan, Connecticut)的一所护理中心里去世,享年 93 岁。

美国西点军校

　　美国西点军事学院(The United States Military Academy at West Point),常被称为西点军校。西点军校是美国第一所军事学校,位于纽约州西点 (哈德逊河西岸),距离纽约市约 80 公里。学校占地 1.6 万英亩(约 6478 公顷)。西点军校的校训是"责任、荣誉、国家",该校是美国历史最悠久的军事学院之一。它曾与英国桑赫斯特皇家军事学院、俄罗斯伏龙芝军事学院以及法国圣西尔军校并称世界"四大军校"。

我的未来不是梦

注意文化积淀，
■ 做有"头脑"的主持人

要想成为一名优秀的节目主持人，就必须具备一定的知识储备。随着广大观众文化水平不断提高，这就意味着主持人也要跟上脚步，不断丰富自己的学识，扩大知识领域。使自己成为"杂家"，同时也是"专家"。自身深厚的文化底蕴和文化积淀，能够使主持人可以和不同领域的人进行对话，同时也可以使主持人自身更加自信，也更加优秀。

在主持界有这样一条潜规则，说的是："知识底蕴"是主持人素质结构的基石。作为一名主持人，如果没有深厚的知识底蕴和文化素养，就容易流于肤浅，其主持也就成为无源之水、无本之木了。

董卿非常清楚，如果想在舞台上大放异彩，单单拥有美貌是微不足道的，深厚的知识底蕴对于主持人来说是非常重要的。所以，即便是工作再忙，董卿会坚持每天抽出一定的时间用来阅读。

出生于书香门第的董卿，从小就在父母的影响下对阅读有着浓厚的兴趣。不管一天有多忙多累，睡觉前的阅读是董卿每天的必修课。在董卿的主持风格中，最大的特色就是语言非常优美，并且极富感染力，而这一特色完全得益于她平时的文化积淀。

知识储备带给董卿的不仅仅是可以游刃有余地将书面语和口语相融合，并且可以兼顾辞藻的运用。所以，成就了董卿在口语表达时，优雅得体。既可以调动观众的情绪，也没有故意"煽情"之嫌。这也是董卿不仅可以按

照已定的方案控制场面,还运用了通过现场的临时状况而随机应变的能力。

这样的灵活控场、收放自如的能力在"第12届CCTV青年歌手大奖赛"中体现的淋漓尽致。在主持这场比赛的时候,董卿并没有受限于固定流程,而是通过自己所掌握的知识储备充分调动自己的主观能动性,根据情景的变化灵活地设计谈话内容。让我们通过一段董卿与选手的对话,感受一下她灵活的控场能力。

这是一对来自阿坝地区的羌族兄弟,演唱了一首流传千古的真正原生态的民歌——《羌族酒歌--唱不起了》,这首歌没有经过任何艺术加工,在没有伴奏的情况下,这对羌族兄弟极具特色的和声引得专家连连称奇,并且给出了很高的分数。但是,在素贞考核的环节,这对兄弟表现却不理想,因此得了零分。

董卿为了缓解这对兄弟的尴尬而临时加入了一个小环节。

她这样说道,"就像这对来自深山的选手不了解外面的世界一样,我们对他们的文化也未必知道。我现场替他们给评委出一道题,请问佩戴在兄弟俩脖子上的这个银质的小壶是干什么用的? 请回答。"

此问一出,顿时现场上下气氛非常热烈,评委们纷纷抢答,观众们也都是众说纷纭。但是在十几秒之后,仍然没有人可以给出正确答案。

随后,董卿适时出手,立刻转而说道:"刚才没有一位是答对的,现在请这对选手告诉我们正确答案。"

羌族兄弟解释道:"这个银质的小壶是进山打猎时用来装油和盐的。"

答案一出,不仅解决了评委和观众的疑惑,同时也缓解了这对兄弟选手面临的尴尬局面。

在这一环节中,董卿非常大胆地运用了综艺节目的一些主持方法,在调动了现场气氛的同时,将评委、选手和观众,很恰当的融合在了一起,并且为青年歌手大赛注入了活力。

可以说,如今的董卿含蓄而内敛,清新自然而又包含着文化气息,她的主持风格,多来自她孜孜不倦的学习。

有很多优秀的主持人都是从小就养成了爱读书会读书的好习惯,比如

央视著名主持人柴静,从小就练就了一身快速阅读的本领。小时候每当柴静借到一本课外书,为了逃避大人的监管,都要以最快的速度把它读完,然后赶紧还回去。

养成了好读书的习惯,同时也有了不求甚解的毛病。一方面因为当时的年龄小,读书后思考的问题没有那么深刻,另一方面,为逃避大人的监管而选择的快速阅读法,并不是一个良好的阅读习惯。

但是随着年龄的增加和生活阅历的丰富,柴静的阅读习惯也在慢慢地改变,开始精读书籍,以前读书只是出于乐趣,现在的阅读除了乐趣之外多了一些思考。思想不同了,关注的东西不同了,读书的目的也就有了变化。

柴静的一位朋友一语道破玄机:电视人如何"去电视化"?无他,惟读书尔。在做调查报道的时候,柴静会看一些关于政治经济方面的书籍,来完善自己的知识结构,可以从更专业的角度来完成她的报道。当她开始做《看见》之后,她看得更多的是关于文学和哲学方面的书籍。

《看见》作为一档记录现实题材的专题节目,通过观察日益变化中的时代生活,用影像来记录事件,并努力刻画出在这个飞速转型的时代中,人的冷暖、感知、思想与渴望。柴静通过书籍可以更全面、更细腻地了解观众的需求,接触陌生,认识彼此;端详相似,审视自我。

柴静说,十年前我看顾准的书是一种浮光掠影式的阅读。而如今当她重新细致地精读一遍时,她坚持做了读书笔记,竟然找到了与作者的共鸣。

当柴静把顾准的所有文字都找来看一遍之后,已经可以从顾准的身上理解了什么才是真正的批判,看到了理性的力量。在事业不断进步的同时,柴静时时刻刻都没有舍弃读书的好习惯,因为读书不仅能培养一个人的性情,更重要的是,可以丰富一个人的知识储备,能够使她在工作生活中更自信,也更出众。

柴静就是通过不断读书,并且读各种类型的书,才可以使荧屏中的她更知性,才使她在工作上的表现更加突出。

逐梦箴言

人们在追求物质文明的同时,对精神文明的需求也与日俱增,他们通过各种渠道来获取知识,弥补思想的空缺。但是很可惜,许多人对"文化"的真正理解还是停留在边缘上,且文化的贫血也是当今部分国人的通病,不求甚解,缺少格物致知的精神,因此,认识文化的重要性是值得欣慰的事情,而积累文化知识却又是提高自身素质、蕴蓄个人能量的基础。

如今普通观众对文化诉求已如此之高,作为主持人,更应该注意文化积淀。

知识链接

CCTV 青歌赛

青歌赛就是 CCTV 青年歌手电视大奖赛,1984 年开始举办,两年一届,到 2012 年已经举办了 14 届。青歌赛经过多年的实践和不断创新,已成为弘扬民族艺术、普及音乐知识、发现和推出声乐人才、引领和推动中国声乐事业发展繁荣的重要平台,极大满足了广大人民群众的艺术生活需求,为中国歌坛输送了许多优秀音乐人才。青歌赛历届选手中的优秀歌手现在都已经成为了中国顶尖的歌唱家。按照惯例,2012 年应该举办第 15 届赛事,但央视已决定将第 15 届青歌赛推迟到 2013 年举办。

专题节目

专题节目以区别电视新闻节目、文娱节目或电视剧,是指以文化、教育、艺术、科学、人物、事件等为表现中心的电视节目,专题节目有多种表现形式,纯报道式的,评论式的,访问式的,或综合形式的。专题节目较一般的电视节目来说更具有集中性,专题节目对题材的选择和报道的深入程度要求也更高。

我的未来不是梦

■ 找准自己的优势，扬长避短

世界上有千万条路可以走，但是，总有一条是适合自己走的。每个人儿时学走路的时候是比较艰难的，但更艰难的是学会走路之后，在这世上的千万条路中找到一条适合自己的路。

俗话说，"尺有所短，寸有所长"。虽然每个人都有一定的局限，但同时都拥有自己的优势。我们不管在学习还是工作的路途中，都应该根据自己的特点，量力而行。根据所处环境与客观条件，努力寻找适合自己的有利条件。有很多成功人士，得益于他们能够充分利用自己的优势，根据自己的特长来进行有意义的选择。所以把握好自己的优势和局限，发展好自身的优势，方可扬长避短，在通往成功的路上寻找到一条捷径。我们可以在工作学习生活中寻找自己的优势，并充分利用这些优势开发自己的潜力。

在不同的时期，找准自己的优势和位置，会收获到不一样的快乐。比如根据自身特点而选择适合自己的工作，会使你在寻找工作的路途中更加便捷。"让世界了解中国，让中国了解世界"的第一人，著名主持人靳羽西女士的经历就给了我们莫大的启示。

靳羽西在中国内地出生，香港长大，在夏威夷获得学位后，移民至美国。自小出生于艺术家庭的她，父亲靳永年是岭南画派的重要画家，而使她对美的事物情有独钟。她学习了 10 年的音乐作为职业，但是，她却转身投入到了电视的行业中。人们不禁会想，这是为什么呢，放弃了自己 10 年的音乐之路，为何突然去做电视。

这是因为，她在选择自己未来的路途中不断地寻找自己的优势，而当她学了 10 年的音乐之后，她发现自己可能不会成为杰出的音乐家，她想"如果

你不能在一个行业里成为最优秀的,为什么还要去做呢?"

　　在经过深思熟虑之后,她认识到了自己的优势,会英语,能说粤语,更重要的是,在遥远的东方故乡,有非常多的美好的事物深深吸引着她,这一切促使她萌生了一种想要用言语诉说的欲望,她非常希望能用自己的力量向美国乃至全世界介绍这些美好,让她们都能够了解这种美好。

　　然而像这样跨领域跨文化的交流与传播,一定离不开语言,更离不开对文化的深刻理解和感悟。对此,靳羽西说:"你们会问,你做了这么多事情,你觉得最幸运的是什么?"她的答案就是语言。

　　如果不会说英语的话,她不可能可以到世界这么多地方去,并同时向世界各地介绍中国,中国的文化,中国的风俗。靳羽西的优势就在这里,在夏威夷学习并移民美国的她,英语说得非常棒。同时,她对东方文化的理解是非常深刻并且亲入骨髓的。所以,靳羽西说:"这样我觉得我去做电视,去介绍中国文化,是最合适不过的了。"

　　事实证明,她的想法是正确的,她的选择也是正确的。她在自己人生路上的关键时刻,非常准确的寻找到了自己的优势,并立刻给了自己一个准确的定位。这样一来,让她在自己的人生路上少走了不少弯路,而且,一步到位,她通过《看东方》、《世界各地》、《羽西看世界》等一系列经典的节目,立刻走红,不仅在美国受欢迎,在中国同样受欢迎。

　　因为她利用了自己的优势所在,扬长避短,在美国与东方国家之间建起了一座文化的桥梁。她不仅用自己的优势给自己创造了价值,同样也在世界文化交流中有着非常深远的意义。这是靳羽西成为著名主持人的经历,她通过寻找自己的优势,扬长避短,找到了一条适合自己的路。也有很多已经成为主持人的人,他们在电视事业的工作岗位上,同样是不断地寻找到自己的优势,做适合自己的节目,给广大观众提供更优质的电视节目。从而,在工作岗位上发光发热,创造出自己的价值。

　　一个什么样的节目,对于主持人来讲,就好像是植物赖以生存的土壤一样,而不同的节目就好比不同的土质。不一样土质的土壤所培育出来的植物的属性也是不同的。这就要求不一样的节目,要有不同风格的主持人。

　　每一个人都有自己所擅长的部分,每一个主持人也有不同的风格。不同气质的主持人,就好像是不同属性的植物一般,要找准自己的位置,在适

合自己的土壤中才能更好的生存下去。

　　每一位主持人都要对自己有一个正确的认识，对自己的个性、气质、风格，还有知识结构、知识储备等等因素，无论是外在的，还是内在的秉性，都要有一个非常准确的定位，通过这样的方法，并与节目的主旨相结合，来确定自己适合主持什么样的节目。

　　作为主持人，对自己的定位是实现节目有效传播的一个非常必要的前提条件。当然，对于主持人来说，各种不同的因素造就了一个人的优势和劣势，作为主持人，一定要善待自己的优势，并充分利用，扬长避短。

　　北京广播学院国际新闻专业毕业的陈鲁豫，毕业后并没有做新闻，而是踏入了中央电视台的《艺苑风景线》，做起了娱乐节目的主持人。但是做了一段时间娱乐节目主持人的陈鲁豫渐渐发现由于自己的性格使然，并不适合做这档节目。于是，在经过对自己的总结和客观分析之后，鲁豫到了凤凰卫视，进入了《凤凰早班车》的演播室。"早班车"是一个类似"报纸摘要"的节目，而鲁豫并不想照本宣科的老老实实念报纸，于是凭着本能开始"说新闻"。

　　她把新闻变成自己的话讲给观众听，这样一种全新的新闻播报形式一下变得与众不同了起来，不知不觉间竟开了"说新闻"的一大流派，这也在内地电视节目中开始广为流传。

　　这就是鲁豫的性格、风格、气质的独特，还有她对新闻天性的敏感，这所有属于她的优势，使她找到了一片适合她挖掘潜能的沃土。

　　陈鲁豫主持的《凤凰早班车》，这与她本身的气质很符合。鲁豫给人一种非常清新明快的感觉。并且观众称赞说："陈鲁豫有一张'早晨的笑脸'，看她主持的早间节目就像吃玉米片喝咖啡一样的可口舒服。"

　　她清新的气质，优雅，安然，而又平易近人。她把热情和恬静融为一体。在这样的早间新闻中，观众不需要尖刻激烈、咄咄逼人的主持人。而是需要一个温文尔雅的主持人。

　　主持人气质不同，其主持风格也会迥异。鲁豫之所以能够成功地创造出"说新闻"，这也跟她自身的特点是分不开的。鲁豫是学外语的，没有学过播音，如果让她正襟危坐地念新闻的话，"我觉得自己也不会比别人念的好"，而且当时的凤凰卫视并没有那么多的工作人员，所以没有人能帮她写稿子。鲁豫挖掘出了自己的优势，适当地掩藏起一些劣势，她这特有的气质、个性、

风格,还有她的知识结构成就了她的"说新闻",成就了她的成功。

节目主持人应该找到适合自身特点的栏目,凤凰卫视的主持人窦文涛所主持的《锵锵三人行》谈话节目,完全是一个体现了主持人个人风格的节目。窦文涛用了一种最接近平民的,可以让大多数人都感兴趣的方式主持。在节目中,他采用了一种剔除法的思维方式:不能这样,不能那样,剩下的就只能这样做。

主持人的个性化设置,不仅充分调动自己的优势,但同样也是建立在节目的定位基础之上的。窦文涛的优势就在于他纯粹的个人风格,而他的这种个人风格,正好符合《锵锵三人行》的总体定位,而观众对于这种主持风格也非常认可。

对于一档节目来说,重要的是找到合适的主持人,用一种非常恰当的主持方式,而不是找到一个非常著名的主持人或者是非常漂亮的主持人。同样,对于一个主持人来说,要充分运用自身的优势,扬长避短,找到适合自己生长的沃土来生存,而不是随随便便找一片土地。

对于每个人来说,都有属于自己的优势和局限,而主持人能够准确抓住自身的优势,并且认识自身气质类型,就可以充分利用积极因素,使自己的气质与节目风格融为一体,相辅相成。

逐梦箴言

　　每个人都有自己的优点和缺憾,我们不但要看到自己的不足,更重要的是要看到别人的优点,取长补短,正确看待自己和别人。要经营好自己的长处,才能做命运的主宰者。以自己的短处去谋生,会时常依赖别人,感觉痛苦不堪;以自己的长处去谋生,会自己做自己的主人,感觉幸福无比。

　　也许你从来没有发现自己身上也有适合做主持人的潜质,一定要善于发现,才能为自己创造一片天地。

我的未来不是梦

●智慧心语●

　　我对青年的劝告只用三句话就可概括，那就是，认真工作，更认真地工作，工作到底。

——俾斯麦

　　倘不学习，再美好的理想也会化成泡影；倘不勤奋，再美妙的计划也会付之东流；倘不实践，再广博的知识也会束之高阁。　　——佚名

　　让你的理想高于你的才干，你的今天才有可能超过昨天，你的明天才可能超过今天！

——纪伯伦

　　鱼，我所欲也；熊掌，亦我所欲也。二者不可兼得，舍鱼而取熊掌者也。

——孟子

第四章

修身养性

◦导读◦

　　君子以厚德载物，有德者人人赞美，无德者人人厌恶。孔子说：欲齐其家者，先修其身；欲治其国者，先齐其家；欲平天下者，先治其国。而修身的先决条件是格物、致知、诚意和正心。要努力观察和研究事物，探究事物的发展规律，不断获取高深的知识和智慧。有了高深的学问和智慧，就能心诚意实，言行一致，即使无人在时，也照常遵守道德准则，保持情绪平稳，怀平常心，没有忧患，很好地修身。

■ 忍常人所不能忍

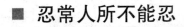

一个人如果想要获得成功,就要有相应的付出。除了耐心和坚韧作为成功的条件之外,还要有持之以恒坚持不懈的精神。人的精神是极大的财富,司马懿十年磨一剑,掌握魏国,除了他的智慧之外,靠的是其坚韧的意志,还有极其能隐忍的修养。

在走向成功的路上,除去要学会运用睿智之外,就是要学会隐忍。做到忍常人所不能忍,才可为常人所不能为。

不可否认的是,隐忍是一个非常痛苦的过程。有的人不堪其苦,便选择了放弃,而有的人正是有了坚韧的意志和永不磨灭的信念支撑着自己,最终走向成功。

江苏卫视著名主持人孟非就是经过了无数隐忍,而成为今天人尽皆知的著名主持人,并多次被评为最佳主持人。光头的孟非给人们留下非常深刻的印象,还有他睿智、幽默、风趣、真实的主持风格,都得到了观众的认可和喜欢。但是在孟非成功的光环背后,是一段艰苦奋斗,力争上游的奋斗史。

孟非出生于重庆市一个普通的市民家庭,12岁时,由于父亲工作的调动,一家人迁居到南京。父母对孟非寄予了非常大的希望,希望他能考上大学。但是遗憾的是,孟非的成绩并不是非常理想。高考时的孟非拿着仅次于文科状元的语文成绩,和总分不足100分的数理化成绩,名落孙山。

落榜的孟非想过报补习班,但是遭到了校方的拒绝,随后孟非想要找工作,而高中学历找工作着实有些困难。就这样孟非在家里呆了一段时间

我的未来不是梦

之后,开始着急了,决定为自己寻找一个出路。

在经过了一趟深圳之行之后,孟非越来越体会到了社会现实的残酷,随即返回到南京,决定一切从头开始。为了养活自己,孟非成为了一名印刷厂的印刷工。

做印刷工其实并非一件容易的事,那段时间里,孟非意识到知识改变命运,于是他在日记本中写道,"我不能一辈子呆在这个地方,想换好工作,就得有知识。"

孟非决定参加成人自考,并充分利用一切休息时间来学习。因为一边工作一边学习,孟非实在太累了,结果发生了一起事故让他的手差点被机器碾掉了。经过及时抢救,手总算是保住了,但是因为这件事,孟非丢掉了工作。

后来孟非却因此辗转到了电视台做临时工。这成为孟非日后发展的转机。从此孟非有了一个新的目标,就是当记者。有了这个目标,孟非的世界一下变得阳光明媚了起来。经过忍耐和努力拼搏,孟非终于当上了真正的记者。从此事业一帆风顺,进而又当上了主持人。

因过度疲劳,孟非的头发开始一撮一撮地掉,后来他索性就直接剃了个光头,从此具有标志性的光头陪伴着孟非直到如今。

"光头"孟非以他别具一格的形象和平易近人的朴实风格,还有他尖锐犀利的新闻点评,得到了观众的喜爱。《南京零距离》一跃成为全国民生新闻的引领者。

孟非认为,一档平民节目,对于主持人的要求应该是具有平民特色,不一定长得多帅,关键是要有底层生活的阅历,说百姓关心的话题。而这方面,正是孟非在一路跌跌撞撞走来时所经历过的。他敏锐地感觉到虽然这是他从幕后转向台前的一个非常好的机会。但是孟非没有经过专业训练,普通话变成了主持过程中需要过的一大关。

面对选择孟非只犹豫了一分钟便立刻做出了决定,普通话可以学习,那些苦难的经历却是他难得的宝贵财富,不是轻易学来的。人生能有几回搏? 此时不搏,更待何时?

于是，孟非毅然决然地参加了面试，在面试的过程中，他以幽默诙谐的口吻，讲诉了自己的经历和他认为自己具备的优势。他的一席话赢得了台领导的认可，接下来孟非顺利的完成了第一期《南京零距离》，并且，观众的反响非常好。

因为孟非对待事情的执着，还有他在走向成功道路上的隐忍精神，每走一条路他都不轻言放弃，渐渐地，南京人开始爱上了这个光头的主持人。

在孟非主持《南京零距离》的时候发生过这样一个故事。

有一次，在南京的夫子庙一带发生了一场火灾，当时路过的一个女孩儿拿着数码相机拍下了火灾的经过，等到别的媒体记者赶到的时候，火早就熄灭了。南京城的十几家主流媒体都愿出高价索买女孩儿拍到的照片，但是那个女孩儿只说了一句话："这照片我只给《南京零距离》，只给孟非。"这足以见得，当时的孟非是多么受观众的欢迎。

随后孟非主持的相亲节目《非诚勿扰》一跃而起，成为了一时被关注的对象。伴随着《非诚勿扰》的成长，孟非的主持之路也达到了巅峰。事业的成功是他用辛苦换来的，包括他的标志性光头，这光头配着他的笑脸，显得聪明又精神。

孟非的主持风格与传统的娱乐节目主持人活跃的风格不同，他的主持风格是偏向内敛的，说话也非常有见地。很多时候与搭档乐嘉在场上起着"一个唱红脸、一个唱白脸"的作用。

除了主持《非诚勿扰》之外，他还依然担任着《南京零距离》的节目主持人。同时身为新闻主播和娱乐主播的孟非，除了工作的时间之外，没有什么让他觉得不适应的地方。用他的话说，是因为自己在节目中就是还原了自己本身的一个状态，所以才能自由应付。

不同的人眼里有不一样的孟非，有的人说孟非是低调的，不喜欢抛头露面。而在熟悉孟非的一些人眼中，孟非是一个可以随时随地开玩笑的人，在节目录制的过程中经常会说一些幽默而非低俗的笑话，来调节气氛。还有一些人认为他勤勉而又有思想，一贯保持着他自己独立的思考能力和他独特的语言风格。

我的未来不是梦

你好！我是主持人！

孟非如今所拥有的这一切，并不是坐享其成，而是经过了多少年对苦难的隐忍，多少年对机会的等待，还有多少年为一个又一个目标而努力拼搏的结果。

艺术大师徐悲鸿说，人不可有傲气，但不可无傲骨。傲骨是一种精神，就是应当有志气，有自信心，有顽强不屈的性格。

当我们步入人生低谷的时候，不能选择放弃，不能选择自暴自弃，而是要有忍耐力，苦心之人天不负，忍耐并不是一种懦弱的表现，而是一种精神境界。要有忍常人所不能忍的精神，方可成常人所不能成之事啊！

逐梦箴言

忍耐是一个人必须要具备的东西，因为忍耐既是一个人自信、坚韧和智慧的结晶，又是一个人解脱烦恼、化解麻烦和躲避灾难的武器。忍耐并不代表自己窝囊，而是说明自己的涵养，反映自己的水平。

知识链接

孟非

江苏卫视著名主持人，1971 年 10 月出生于重庆市。主持过的节目《南京零距离》《绝对唱响》《名师高徒》《非诚勿扰》。1982 年随父母工作调动来到南京，先后就读于南京一中、三中、七中、南京师范大学中文系汉语言文学专业、中共江苏省委党校哲学研究生专业。2003 年被评为"中国十大新锐主持人"、"中国百优电视节目主持人"。2007 年、2008 年、2009 年主持江苏卫视《绝对唱响》《名师高徒》。2010 年主持《非诚勿扰》收视率在全国同时间段获得第一，节目受到观众和网友的广泛关注。2011 年 6 月起开始主持《非常了得》。

民生新闻

"在现代社会中，灵生和民主、民权相互倚重，而民生之本，也由原来的生产、生活资料，上升为生活形态、文化模式、市民精神等既有物质需求也有精神特征的整体样态。"市民阶层开始争取自身的话语权，"民生"与大众传播媒介的结合就变得势在必行，于是，便出现了"民生新闻"这一概念。

夫子庙

南京夫子是供奉和祭祀中国古代著名的大思想家、教育家孔子的庙宇。始建于宋朝，夫子庙位于秦淮河北岸的贡院街旁。夫子庙以庙前的秦淮河为泮池，南岸的石砖墙为照壁，全长 110 米，高 20 米，是全国照壁之最。北岸庙前有聚星亭、思乐亭；中轴线上建有棂星门、大成门、大成殿、明德堂、尊经阁等建筑；另外庙东还有魁星阁。它作为古城南京秦淮名胜蜚声中外，是国内外游人向往的游览胜地，中国四大文庙之一。

徐悲鸿

徐悲鸿(1895 年 7 月 19 日~1953 年 9 月 26 日)，汉族，江苏宜兴人，生于中国江苏宜兴屺亭桥。中国现代美术事业的奠基者，杰出的画家和美术教育家，尤以画马享名于世。其自幼随父亲徐达章学习诗文书画。1912 年 17 岁时便在宜兴女子初级师范等学校任图画教员。1916 年入上海复旦大学法文系半工半读，并自修素描。先后留日、法，游历西欧诸国，观摩研究西方美术。1927 年回国，先后任上海南国艺术学院美术系主任、中央大学艺术系教授、北京大学艺术学院院长。1933 年起，先后在法国、比利时、意大利、英国、德国、苏联举办中国美术展览和个人画展。

知识链接

我的未来不是梦

■ 在逆境中成才

蝉，在地下苦功三年，才迎来一周枝头的高鸣；蛹，用尽了浑身解数才挣脱了死亡的藩篱，终化为了翩翩飞舞的彩蝶；凤凰，只有在浴火中才能涅槃；海燕，只有在暴风雨中才能搏击；风平浪静的湖面上，造就不出优秀的水手。

浩瀚大海，有风平浪静之时，也有狂风暴雨之时。人的一生中，有顺境的时候，当然也有逆境的时候。逆境就好像是一所学校一样，众多的名人伟人经过这所学校磨炼后，取得辉煌的成绩。

当我们面对逆境的时候，不要退缩，不要逃避，而应该选择面对它，接受它，并挑战它。在逆境中成长的人不一定就会失败，只要他们具有顽强的毅力和坚定的信念，逆境中也能成才。

湖南卫视《天天向上》主持人欧弟，有着一段艰辛的经历。欧弟生长在台湾，在高中的时候，爸爸的公司因经营不善而倒闭了，并欠下了高额债务。妈妈最终忍受不住巨大的压力和爸爸离婚了，年仅15岁的欧弟默默地面对和承受了这一切。

有一天早晨，欧弟发现爸爸没有给他留下一分钱，甚至连坐公交车的钱都没有。于是，他走了三个小时去上学，迟到被老师批评。这个时候，他的心里有一丝小小的埋怨，怪爸爸为什么一声不吭地就消失，连一句再见都不说。而欧弟在那个时候，根本没有意识到，这是他悲惨生活的开始。

爸爸一直没有回家，15岁的欧弟没有人照顾，也没有钱。于是，他开

始打零工赚钱，冬天去洗车，夏天靠发广告单，就这样日复一日地过着艰难的生活。

17 岁的时候，欧弟进入了娱乐圈，但是却一直没有被人注意。娱乐圈的残酷现实，使欧弟学会了默默无闻地只做好自己的工作。他觉得，只要可以赚钱，这样就很好，起码可以帮爸爸还债。

就这样打拼了几年，好不容易攒了些人气和知名度，却面临着服兵役。欧弟就好像是一阵轻微的风一般，虽然刮到了娱乐圈，但也只是飘过。服兵役期间是非常辛苦的一个过程，对于欧弟来说，不仅仅是身体的辛苦，更重要的是心灵的苦。别人都有父母来看望，可唯独欧弟一直没有等到过。

终于有一天，爸爸来了，原本非常高兴的欧弟，却在看到鼻青脸肿的父亲那一刹那，明白了今后的路途已没有了依靠。在爸爸絮絮叨叨地讲着欠人家债之后，欧弟拿着笔，将自己的名字认认真真的签在了上百万的本票上，把爸爸的债务全都扛了下来。

那是他过的最苦闷最难过的一段生活，突然就像是一个被上帝抛弃了的小孩，找不到任何出口。服完兵役，带着百万债务的欧弟重新回到了娱乐圈，但此时却早已物是人非了。但是身负重债的欧弟依然活跃在台湾综艺节目现场，开始做旁边的小绿叶。

经过欧弟的不懈努力和拼搏，2008 年，他开始到大陆做主持，在《天天向上》里和汪涵合作。在主持《天天向上》期间，欧弟非常努力，渐渐收获了越来越多的关注。

成为一名娱乐节目的主持人，不仅要有专业知识，还有一个很重要的因素，就是丰富的生活阅历。因为一个人的阅历可以丰富人的精神世界，尤其是从逆境的水坑中爬出来的人一定会更加热爱自己的工作和生活。欧弟是这样的，同在湖南卫视的著名娱乐节目主持人谢娜也有过类似的经历。

谢娜在《娜写年华》中说，"生活就是这样，你在改变生活的同时也被生活改变了。"

如今的谢娜虽然已经是内地娱乐圈的成名艺人，可是在谢娜成名之前

我的未来不是梦

却有着很多辛酸往事。比如第一次参加新人比赛的时候,惨遭淘汰;因为普通话不标准而被学校拒绝,最后是在求人的情况下做了跟班生。

后来谢娜做了一名临时演员,为了生计什么角色都接,演得最多的是丫鬟,其中角色最重的是电视剧《少年方世玉》中方世玉女朋友的贴身丫鬟。对此谢娜说,"台词只有反复的那么几句,'小姐,吃饭了'、'小姐,有人找'。那时我觉得很好,因为剧组管吃管住,还有工资,可以帮家里减轻负担。"

如今在《快乐大本营》里风生水起的谢娜,在当初进入大本营的时候也是经历了一段艰苦的日子。

谢娜走进快乐大本营,是经何炅的推荐。他们在 KTV 里唱歌,何炅见谢娜满场飞,留下了深刻的印象,于是邀请她上节目做嘉宾。第一次主持的时候,谢娜不知道是主持,很本色的表演了一个强盗,结果以失败告终。

在《快乐大本营》主持人的竞争中,谢娜被迫离开舞台,那段时间也是她事业的低谷,用她的话说,全中国都知道她是个下岗的主持人,没有人愿意用她。

在经过一段低潮期之后,再次走进《快乐大本营》的谢娜,已经逐渐成熟,并且有了自己特色的主持风格,她开始学会配合整个环境,在剧组共同努力下,《快乐大本营》的收视率终于恢复并且不断攀高。

生活其实就是这样,往往在我们觉得走到绝路的时候,一定会有新的转机出现。所以,逆境并不可怕,只要我们肯面对它,就一定能够有绝处逢生的时刻。只有敢于追逐浪尖的人,才能看到更多的风景;只有勇于走出逆境的人,才能成为优秀的人才。

逐梦箴言

　　自古雄才多磨难，没有挫折哪来的智慧和志气；没有挫折哪来的雄心和勇气；没有挫折哪来的振奋和刻苦。

知识链接

欧弟（欧汉声）

　　毕业于台湾省基隆市培德工业家职业学校，于 1996 年参加"四大天王模仿大赛"正式踏进娱乐圈。之后，他与其他三位模仿选手组成演艺团体"四大天王"，与威聚国际签约发行四大天王的专辑。但其中两位团员分别因车祸重伤和兵役问题而退出，因此欧汉声与剩下的另一名团员罗志祥（欧汉声高中的同学）组成另一偶像团体"罗密欧"。"罗密欧"因欧汉声的兵役问题而宣布解散。兵役结束后欧汉声逐渐踏入主持圈，并享有一定的名气；2007 年欧汉声进入大陆主持圈，先是在"老师"吴宗宪的带领下，与柳岩一起主持陕西卫视综艺节目《周六乐翻天》。于 2008 年 8 月加盟湖南卫视《天天向上》节目，与汪涵配合的十分精彩，能说，能唱，能跳，异常活跃的主持风格令他在主持群中很是耀眼，受到了观众的欢迎与好评。

我的未来不是梦

■ 要做心怀感恩之人

自古就有"滴水之恩，当涌泉相报"的古训，感恩是中华民族的传统美德。感恩是一种精神境界，是一种认同，也是一种回报；同时，感恩也是一种生活态度。

"生养之恩，无以为报，常怀心中，时时报答。授业之恩，永远记住，始终感激，适时报答。知遇之恩，难能可贵，感知肺腑，报以忠诚。"

无论我们在何时何地，取得多么辉煌的业绩，都不能忘记父母的养育之恩，恩师的授业之恩，还有"伯乐"的知遇之恩。凤凰卫视著名主持人窦文涛就是一个心怀感恩的人，如今已成为著名主持人的他，从来不曾忘记父母的养育之恩和领导刘长乐对他的知遇之恩。

在一次对窦文涛的采访中，当问到他获得了"2006年中国电视节目榜"最佳谈话节目主持人奖后，最想做的第一件事是什么的时候，窦文涛回答说，他想在第一时间把这个消息告诉父亲。他说，"如果没有父亲的悉心教导，我真不知道自己的人生之路会是什么样。"

窦文涛小时候的性格很内向，用他的话说，甚至是有些自闭。经常把自己关在家里，遇到生人就会脸红。父亲平时对他是非常严肃的，但是对他也是非常疼爱的。对于做主持这一行，窦文涛说与父亲的关系是很大的。

窦文涛小时候有些口吃，父亲曾帮他纠正了好多次，但都以失败告终。在窦文涛小学三年级的时候，有一次父亲问他将来想做什么，窦文涛毫不犹豫地说："当记者，可以走遍天下。"

父亲听后,沉默了一会儿说:"好,有志气! 不过,从现在起你要改掉口吃的毛病,否则你就做不了记者。"

从这以后,父亲上心了,又是去图书馆查找资料,又是请教医生,忙活的不亦乐乎。在医生的指导下,父亲开始对窦文涛进行训练,比如怎样放松心理,怎样调整呼吸等。除此之外,还会每天督促着窦文涛大声朗读,平日里跟窦文涛说话的语速都故意放慢了。

经过了一年的时间,窦文涛的口吃终于在父亲的不懈努力下治好了,为此窦文涛非常感谢父亲。父亲为窦文涛所付出的不止这些,在窦文涛马上要参加高考的时候,父亲曾焦急地帮窦文涛"作弊"。

高考体检前,窦文涛发现自己是色弱,父亲非常着急,生怕因为这个而落了榜。一向做事非常讲原则的父亲,毅然而然地决定帮窦文涛背色盲检查图。最终窦文涛体检合格,顺利考上了大学。

虽然后来窦文涛发现色弱对他的工作学习并没有什么影响,但是窦文涛说,"要不是父亲的'违规操作',我可能真的会与自己的理想失之交臂。"

虽然窦文涛对父亲充满了感激之情,但是他并不善于表达,直到去上大学的时候,都没有对父亲说声"谢谢"。在送窦文涛去火车站时,父亲张开双臂拥抱了窦文涛,但是由于觉得不好意思,他却转身躲开了。父亲的这一举动令窦文涛感动不已,上了火车后,泪流满面。窦文涛为此感慨道,"直到今天我仍时常内疚,因为我欠了父亲一个拥抱。"

窦文涛不仅时时刻刻都怀着对父母的养育之恩,而且无论他现在的成绩有多辉煌,他都不曾忘记老板刘长乐对他的知遇之恩。他常说,是刘长乐先生给了他机会证明他是个人才。心怀感恩的人是让人尊敬的。

中央电视台英语频道主持人于泽,同样也是一个心存感恩的人。于泽在 2002 年以优异的成绩毕业于美国佛州州立大学并获得 MBA 工商管理硕士学位,刚刚拿到 MBA 学位之后,于泽要寻找一份专业的工作显得格外艰难。

在一家私人银行实习两年后,她认为自己是有希望留在那里的。但是想在美国私人银行立足,是要靠人脉和资深阅历的,然而一个在美国毫无

根基,也没有人脉的刚刚走出校园的中国女孩,几经努力,最终没能留下。

之后,于泽经过多次的投简历,面试,可是仍然未找到一家肯聘用她的公司。就在于泽非常疲倦而灰心之际,苍天不负有心人,于泽与美林公司的 Mike Fleming 约见后,很快被录用了。

在美林集团工作期间,"十年华尔街"给于泽带来成功与荣耀,包括她获得美林集团全国优秀奖,然而对此她淡淡地说:"这不能说是成功,只不过是我职业生涯中用心创作的一幅作品。"

于泽认为,如果没有 Mike Fleming,她就不能跨进美林的大门。所以,为了这一次知遇之恩,于泽暗自下决心,一定在工作上做出成绩,不辜负 Mike Fleming 的深切期望。正因为于泽心存感恩,带着这份知遇之恩,于泽在工作岗位上认真踏实,一丝不苟。没多久,于泽的努力终于得到了回报,并且奇迹般地获得了美林公司全国成长优秀奖。

这份荣誉对于于泽来说,是来之不易的。成功总是眷顾着身怀感恩之心的人,这样的心态,正是来自于泽母亲的深深教诲。这样的心态使于泽认真生活着,无论是日常生活,还是工作生活,都是如此。

Mike Fleming 在于泽取得成绩之后,对于泽远在中国的母亲说:"认识了中国,就知道为什么您的女儿这么出色了。"

于泽在美林公司任职期间,非常自豪地告诉身边的美国人:"我是中国人,是在中国出生长大的。"

于泽的自豪,不仅仅来自她出色的表现和优越的成绩,更重要的是,在她的身后不仅有母亲,还有一个强大的祖国。于泽在采访中告诉记者,她感恩于祖国,更感恩于给了她第一份工作的 Mike Fleming。

上天总是更加眷顾怀有感恩之心的人,就像于泽母亲教导的那样,成功也同样总是眷顾着身怀感恩之心的人。

逐梦箴言

　　感恩是生命对生命的惠泽。每个人的生命之河都奔流在他人乃至整个世界构成的波涛之中，惟有感恩，这样一种你中有我、我中有你、相辅相成的关系才能赋予我们的生命以意义，使我们的生命之河洪波涌动。

　　感恩是一种人生境界。即使我们两手空空，但至少我们还可以怀揣一颗感恩的心，去回馈社会，感动自我。心怀感恩，能为人间的悲凉镀上一抹暖色；心怀感恩，能为社会和谐赋予重量；心怀感恩，能为自己，为别人预约心灵的春天。

知识链接

窦文涛

　　是香港凤凰卫视的主持人。窦文涛祖籍山东章丘，出生于河北省石家庄市，18 岁之前一直生活在石家庄，高中时进入石家庄市第一中学，1985 年考入武汉大学新闻系，1989 年毕业。曾供职于广东人民广播电台 7 年。1996 年加入凤凰卫视。曾主持过娱乐资讯节目《相聚凤凰台》，新闻节目《时事直通车》，1998 年推出闲谈节目《锵锵三人行》。2003 年开始主持法制节目《文涛拍案》。窦文涛曾获中国新闻奖一等奖，被评选为全国广播电视十佳节目主持人。2004 年度"中国电视排行榜"中，获选为"最佳谈话节目主持人"。

美林集团

　　美林集团是世界最著名的证券零售商和投资银行之一，总部位于美国纽约，业务涵盖投资银行的所有方面，包括债券和股票的承销、二级市场经纪和自营业务、资产管理、融资咨询和财务顾问，以及宏观经济、行业、公司的调研。

我的未来不是梦

■ 要做德艺双馨的主持人

德艺双馨,形容一个人的德行和艺术(技艺)都具有良好的声誉。

主持人作为新闻工作者中的一员,不仅肩负着弘扬民族正气、传播先进文化、服务大众的责任,而且还代表着电视台的形象。所以,一名优秀的主持人,不仅要有出色的专业能力,而且,还要有高尚的道德情操。

2012 年 6 月 4 日,"给孩子送双运动鞋"公益行动来到第一站云南腾冲五合乡象山完全小学,发起人是主持人崔永元、主持人敬一丹、《新周刊》的孙冕、原凤凰卫视中文台执行台长刘春等爱心人士,为孩子们送上了运动鞋,并和孩子一起上了一堂体育课。为了不影响孩子们正常上课,几名发起人没有直接进入教室,而是与志愿者一同蹲在操场上,把鞋子按班级分好。下课铃响起,孩子们冲出了教室,按照班级整齐列队。主持人崔永元等几名发起人开始逐一给孩子们发放运动鞋。接过崭新的鞋子,孩子们迅速换下了脚上的塑料拖鞋,在操场上撒了欢地跑起来。5 月 28 日正式上线至今,由中华少年儿童慈善救助基金会、崔永元"我的长征"团队及搜狐联合发起的"给孩子送双运动鞋"公益行动官网受到广大网友的极大关注。截止到 6 月 4 日 17:00,共有 6496 位网友献出爱心,已经募集到善款 622164.5元。目前,第一批向云南、青海、广西等地的近 10 所学校捐赠的运动鞋已发送到孩子们的手中。

2010 年 11 月 11 日,由中央电视台主持人鲁健、央视播音员陈捷以及天津市劳模孟庆如发起的中国红十字基金会"众基金"捐赠的 10 所"爱心

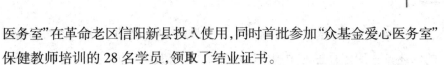

医务室"在革命老区信阳新县投入使用,同时首批参加"众基金爱心医务室"保健教师培训的 28 名学员,领取了结业证书。

"众基金"工作人员、新县教育局相关领导、受捐赠学校的代表参加了捐赠仪式。因工作原因而无法到场的央视名嘴鲁健,特意委托"众基金"工作人员表达了对接受培训的 28 位保健教师的期望,希望这些保健教师能够与"众基金"共同秉承"众爱成家,温暖你我"的公益理念,共同努力集合大众的力量,让"爱心医务室"公益项目惠及更多的孩子。

从上面这两次公益活动中,我们发现,作为主持人的崔永元、敬一丹,还有鲁健、陈捷,不仅在播音主持的岗位上有着辉煌的业绩,而且他们有着一颗善良的心,有着高尚的道德情操。他们热心给孩子送爱心,给社会送温暖。

凤凰卫视董事局主席刘长乐先生在一次获奖感言中说过:"我给我的团队始终灌输这样一个理念,面对突发和灾难新闻,我们要用敏锐而善意的目光来关注。换句话说,就是凤凰人电视新闻素质中的人文关怀精神。"

说到人文关怀精神,作为中央电视台主持人的崔永元,在同行业中竖起了标杆,起到了榜样的作用。他在获得第五届"全国德艺双馨电视艺术工作者"表彰大会上发表了感言:"作为一个主持人,首先要学会在喧嚣中做一个安于寂寞的人。在理想、敬业等话题有些边缘化的今天,如果我们的影视片不讲主旋律,不弘扬正确的价值观,说不过去。"

在崔永元做主持的 20 多年来,他突破一档又一档精品节目的同时,也以自己饱含强烈社会责任感的职业精神赢得了社会大众的欢迎和喜爱。在这一方面,他为新闻同行们做出了表率。

在《小崔说事》中的"事儿"就是最好的例子,这些事情都是来自民众的呼声,也都是因百姓而缘起,正是崔永元"贴近生活"的真诚态度和"以人为本"的平民情感,使这些节目大大拉近了与广大电视观众的距离,成为最受欢迎的电视节目之一。他在实践中总结的"学会倾听"、"先做人,后做主持人"、"公共电视应承担社会责任"等观点赢得广大观众的赞赏及新闻同行的共鸣。

2004 年以来，崔永元策划并主持了节目《电影传奇》，以他特殊而新颖的叙述方式回望并思考中国电影的流金岁月，其中很大一部分是对老影人的抢救性采访，对补充和丰富中国电影史料极具意义。

经他策划的大型特别节目《我的长征》，采取重走长征路这一表现手段，将内容和形式结合在一起，让今天的观众走进历史，感知崇高、正义和理想，净化思想，磨炼意志，从而加深了对长征精神、对红色历史的理解和认知。历时 250 天、行程 6 000 多公里的"新长征"给中国电视留下一份宝贵的拍摄记录，也给主旋律报道方式开创了崭新的表现形式。

崔永元对社会的责任与关爱体现在很多方面。他用自己的奖金资助普通人治病，并发动同行帮助辽宁鞍山抗癌协会"临终关怀"行动；他与中央电视台将拍摄《电影传奇》时得到的大量珍贵资料无偿捐给北京大学图书馆，并帮助建立中国电影资料检索系统；重走长征路后，他筹备成立慈善基金，以培训在革命老区辛勤执教的乡村教师……崔永元一直在用自己的方式演绎着真正的"德艺双馨"。

榜样的力量是无穷的，坚持"德艺双馨"的标准，坚持正确的节目创作道路是播音员、主持人当下的行动操守。

播音员、主持人应该具有强烈的社会责任感，这就要求主持人要有良好的政治修养和道德修养，陶冶情操，净化心灵，使人格到达更高的境界。

崔永元的事例感召着我们，也感召着每一位广播电视工作者。广播电视工作者都应该从自身做起，自觉抵制低俗化的蔓延之风，树立主流意识，做德才兼备的新闻工作者。

逐梦箴言

何谓大家？大成之家，大悟之家，大得之家。大学问在书香中成就经典，大智慧在治学中广普以拓新，惟大德行久立心头浸润成永恒。做人与做学问，大家就是答案，就是态度，就是路径——德艺双馨才能恒久。

知识链接

敬一丹

中央电视台名牌栏目《焦点访谈》《东方时空》的著名主持人，曾经主持香港回归、澳门回归、迎接新世纪、建党80周年等一批大型直播节目。曾连续3次被评为全国"十佳电视节目主持人"，并多次荣获"金话筒"奖。现任中国广播电视学会主持人节目研究会副会长，中国传媒大学兼职教授，第九届全国政协委员。

鲁健

中央电视台当家主播，因主持《中国新闻》《新闻60分》《财经时讯》《今日关注》等新闻栏目走红。

公益活动

公益活动是组织从长远着手，出人、出物或出钱捐助和支持某项社会公益事业的公共关系实务活动。公益活动是目前社会组织特别是一些经济效益比较好的企业，用来扩大影响，提高美誉度的重要手段。公益活动是指一定的组织或个人向社会捐赠财物，时间，精力和知识等活动。公益活动的内容包括社区服务，环境保护，知识传播，公共福利，帮助他人，社会援助，社会治安，紧急援助，青年服务，慈善社团活动，专业服务，文化艺术活动，国际合作，等等。

我的未来不是梦

◦ 智慧心语 ◦

必能忍人不能人之触忤,斯能为人不能为之事功。

——清代金兰生《格言联璧·存养》

逆境是达到真理的一条通路。 ——拜伦

只要有坚强的意志力,就自然而然地会有能耐、机灵和知识。

——陀思妥耶夫斯基

生活需要一颗感恩的心来创造,一颗感恩的心需要生活来滋养。

——王符

工作就是人生的价值,人生的欢乐,也是幸福之所在。

——罗丹本

欲修其身者,先正其心;欲正其心者,先诚其意。

——《礼记·大学》

第五章

唤起心中的巨人

◦导读◦

　　潜能是人类最大而又开发得最少的宝藏！无数事实和许多专家的研究成果告诉我们：每个人身上都有巨大的潜能还没有开发出来。人的潜能是多方面的：体能、智能、宗教经验、情绪反应等等。任何成功者都不是天生的，成功的根本原因是开发了人的无穷无尽的潜能。只要你抱着积极心态去开发你的潜能，你就会有用不完的能量，你的能力就会越用越强。相反，如果你抱着消极心态，不去开发自己的潜能，那你只有叹息命运不公，并且越消极越无能！每一个人的内部都有相当大的潜能。

■ 敬业是不可缺少的精神

中华民族自古就有"敬业乐群"、"忠于职守"的传统，敬业是中国人民的传统美德。孔夫子就主张人在一生中应该始终坚持勤奋、刻苦，为事业尽心尽力。

敬业精神是一种对工作对事业全身心投入的精神境界，说到底其实就是一种无私的奉献精神。敬业精神就是在自己的工作中，要有责任感、事业心，要培养认真踏实、恪尽职守的工作态度，要保持高昂的工作热情和务实苦干的工作精神，并且以正确的人生观和价值观指导和调控职业行为。

而作为电视事业的工作者，更应该具有这种崇高的敬业精神。

央视著名主持人海霞就是一个爱岗敬业的人，她说："敬业，不是哪一次、哪一天、哪一时的表现，而是长年累月的坚持，每时每刻的坚守，是身心的坚韧。"每当她听到别人夸她工作真棒的时候，她只是笑一笑。

因为很多人都会认为播音员的工作不过是念念稿子，只要口齿伶俐、普通话说得好，再加上漂亮、端庄、大方的形象，就可以了。其实这是对播音员很深的一个误解。在海霞身上我们就可以看出，新闻工作者实属不易。

在海霞播报"晚间新闻"时，每次干完活儿收工时，都已经是深夜了。

因为每次直播结束后，原本可以回家休息的海霞，都会把自己的节目带找出来看，仔细推敲每一个细节：每一个表情、每一个动作，每一次语调的起伏，还有每个眼神的过渡，甚至是包括与直播系统的配合等。海霞之所以非常认真地研究这些细节，是因为曾经有一位老师提醒过她，"一些细

节,必须自己站在观众视角,才能看出问题。"

有的时候在两条新闻之间,新闻主播的感情衔接往往会处理得"太硬"。比如前一则新闻感情非常丰富,令人动容,在观众还未回过神来的时候,就紧接着跟上了一条硬新闻,主播立刻就换了另一副表情。主持人在两条新闻之间如果这样进行衔接,就会使观众感觉播音员太冷漠,没有感情。

刚开始的时候,海霞并不认同这一观点,她想,"如果停顿一下再换表情,岂不是又耽误两秒钟?"然而,当她反复审看自己的带子时,她这"耽误两秒钟"的想法,最终被颠覆了。因为这样"确实感觉很别扭"。

所以,她养成了在节目结束后反复仔细推敲自己带子的习惯。而她的这股卯足了劲儿钻研业务的态度,其实早在海霞大学期间就露出端倪了。

那时,她留给老师、同学最深的印象就是会下"笨功夫",大学四年,她坚持每天6点起床练声40分钟。而大多数同学会因为种种原因放弃这种练习。海霞为此曾说,"我天赋一般,只能下笨功夫,值得自豪的就是我还算努力吧。"

而海霞的这份努力,在大学毕业时终于获得了回报。海霞以第一名的成绩被中央电视台录取,并先后参与了"晚间新闻"改版,"早间新闻"创办,"现在播报"开播……

海霞这一路走来,不乏成功的喜悦与光鲜,然而背后的坚持与坚守,其中甘苦,只有海霞自己清楚。

在她做"早间新闻"时,早上4点多就要起床。海霞在她的床边放了5个闹钟,可是即便如此,她还是常常半夜从梦中惊醒:"呀,误班了!"

后来作为"现在播报"唯一固定主播的海霞说,"'现在播报'是中央电视台第一个允许播音员自报家门,也是第一个以主播的形象制作片头的新闻节目,领导给了我这么好的平台,我得对得起领导和观众的厚爱。"海霞为了对的起这份厚爱,在那两年里,几乎没有休息过一天,她全部的生活就是工作。

海霞认为,成功,其实就是源于每一次、每一分钟甚至每一秒钟的全力以赴,源于你全身心投入,执着地坚守。

　　海霞曾在日记里写道:"我的理想就是,到我走下新闻主播岗位的那一天,人们会记得我的播音,会说,曾经有一个播音员叫海霞,她播得还不错。"

　　海霞的这种敬业精神,源于她内心深处的认真执着,而正是因为她的敬业,所以她在工作中取得的成绩,也是她应得到的,是观众认可的。

　　像这样敬业的主持人,还有很多,凤凰卫视节目主持人陈晓楠也是一位敬业的人。有一次,陈晓楠为了工作还奔赴战争前线去感受战火纷飞。

　　那是2006年7月的时候,平静了6年多的黎巴嫩南部再度硝烟弥漫。在黎以冲突爆发当天,凤凰卫视的高层便开始部署战地报道,调兵遣将。陈晓楠和同事取道叙利亚首都大马士革进入贝鲁特,一次次冒着生命危险发回图像和电话连线报道。

　　其实前往黎巴嫩做战地报道是随着战争的爆发而突然决定的。作为一名新闻记者的陈晓楠,"去现场看一看"的天生冲动,压过了恐惧的感觉。

　　"对做新闻,我是个有瘾的人。亲历现场,在那里看到、听到、摸到,甚至在空气中闻到的味道都是有价值的。如果能去而我不去,我会跟自己过不去的。"陈晓楠说,当自己身处前线,面临枪炮声的时候,心底有些东西本能地迸发出来,这种东西就是"探知真相"。虽然这种真相令陈晓楠悲伤。

　　在这次黎以冲突的战地报道中,陈晓楠进入的贝鲁特地区是战争重灾区,她说:"我们为什么要去,不光是去传达中国人的声音,告诉人家有中国人在,更多的是我们要用自己的眼睛里看到真相。记者的天职是探知真相,就是我要离真相最近。这个真相可能是这方面的,也可能是那方面的,它们综合起来,才叫真相。所以我们要用自己的眼睛,相信自己的感触。然后你这样传达回来的东西是最客观的,不用隔一层去了解这个事情了。而且作为一个记者采集到的在现场的东西,大家对它感受、总结,得出更新的结论,都是有帮助的,我希望是有帮助的。"

　　在这一次的黎以冲突中,陈晓楠真正到了在战火中度日的人们中间。没有进入前线之前,人们更多地看到的是学者们分析政治局势,听到的是战火中死亡数字的罗列。但当真正地走近战争,才痛切地感受到战争的残酷。

陈晓楠的敬业精神，来自于她对自己这份工作的喜爱和对工作的真诚。

人们常常讲要"爱岗敬业"，当我们已经选择了一个职业，就是对社会、对人生、对未来做出了承诺，既然做出了承诺，就要勇于遵守。随着社会不断地发展进步，生存竞争日益激烈，在这样的现实状态下，更加需要敬业精神。敬业精神已经是一个时代的呼唤和社会竞争的需要，也是自己生存的需要。敬业者，永远水到渠成；废业者，必将枉度一生。

逐梦箴言

一个人有没有敬业精神很重要。敬业精神是做好事业的精神动力，有了敬业精神，干起事业来就会有一股使不完的劲。没有敬业精神，整天浑浑噩噩，做一天和尚撞一天钟，什么事情也不会干好的。因此，选拔人才绝不能要那些没有敬业精神的人。敬业精神是做好工作的内在动力。

知识链接

海霞

1993 年 5 月毕业于北京广播学院播音系（现中国传媒大学播音主持艺术学院），曾任中央电视台一套《早间新闻》《晚间新闻》《现在播报》主播。她的成长与中国电视新闻的改革相伴，香港回归、澳门回归、新中国成立 50 周年阅兵式，她都成功参与。而《现在播报》的创建，更使她成为中央电视台新闻播音队伍中的中坚力量。2007 年 12 月起主持《新闻联播》。

■ 培养执着的精神和敏锐的能力

敏锐是一种能力，执著是一种精神，而这种能力和这种精神是主持人应具备的基本素质。只有拥有了敏锐的洞察力和对事物执著的精神，才能凡事都是想在前，做在前，做到未雨绸缪。

荀子说："先事虑事，谓之接，接则事优成。"拥有了敏锐的能力，"则事优成"。其实敏锐并不是人们本身所拥有的能力，而是通过平常学习的积累和实践的历练，经过厚积薄发的思考而练就出来的。

张孝祥的诗句这样写道，"立志欲坚不欲锐，成功在久不在速"。意思是说，不在于立多高的志向，贵在坚定不移；不在于多快能获得成功，贵在恒久。意在说明，当我们在面对奋斗目标的时候，拥有执著的精神，是非常必要的。

著名主持人水均益的主持生涯中，就有这样一个故事，可以让我们从中学习到水均益对待工作上的执著精神。

1994年10月27日播出了《和平使沙漠变成绿洲——约以和平条约签字》一片，水均益说这是国际题材中难度较大的一个，因为该片的大部分内容都是在演播室里完成的。

国际题材的节目有两个非常不利的因素，一个是中国的观众离发生的事件距离非常远，给人一种置身事外的感觉；另一个因素是，这种题材离中国观众的兴趣也是比较远的，看起来容易觉得枯燥乏味。因为有了这两个因素，就不能用画面以及对事件的感兴趣程度上吸引观众。所以如果要想

使节目好看，不仅要在结构和内容上吸引观众，同时也要在主持人的语言上下很大的功夫。

根据该片的结构设计，水均益一共设计了三段串词，然而这三段串词加起来大概都没有超过 200 字。但是，就是为了这 200 字的串词，水均益和盖晨光导演在一起反复推敲琢磨了五六个小时，他们相互提出的建议差不多得有 20 多种，甚至于在每一个细节、每一个文字，以及相关的语言上都需要反反复复琢磨。

他们就这样充分调动着自己敏锐的洞察力，和他们面对工作时的执著精神，为了该片的主题，也就是沙漠与绿洲、和平与战争的那个寓言，奋斗到半夜，又是打电话请教专家查《圣经》，又是翻阅《古兰经》。这一切的努力，都是为了那非常重要的，虽然不到 200 字的串词。

也是在这个片子中，他们第一次将两位外国驻华大使请进了演播室。为了把阿以两国大使和他们国家的和平条约非常好地结合起来，他们非常认真地做了一个精心设计，在节目开始时不让观众看到这两国的大使，而是由水均益在说明献花的小女孩和激动的来宾之后，再介绍他们。

从播出后的反应来看，水均益怀揣着他的执着精神而做出的精心策划，是非常圆满也非常成功的。

水均益为了 200 字的串词，带着他执著的精神奋斗一夜，让人感动不已。其实，远在美国，也曾有一位著名主持人，同样也发挥了自身的这种敏锐能力，以及执著的精神，完成了一次非常著名的报道——阿波罗登月报道。他就是美国 20 世纪 60 年代的一位巨星主持人沃尔特·克朗凯特。

"阿波罗 11 号"宇宙飞船登上月球的报道，是克朗凯特一次非常著名的报道。对于那个年代来说，电视工作者对于一些比较冷僻的、科技的题材，一般都是避而远之的，因为那个年代，是一个电视还没有特技的时期，观众不一定会有兴趣。

而克朗凯特的"阿波罗登月"这种科技性非常强的报道，能够取得如此大的成功，正是因为克朗凯特执著的精神，以及他对新闻的敏感性。

"阿波罗 11 号"宇宙飞船，于 1969 年 7 月 20 日登上月球，这是人类有

史以来第一次。美国哥伦比亚广播公司对此进行了全程报道,这次现场直播了30小时的科技报道,在传番史上也是第一次。为了这一次报道,克朗凯特在此前几个月经常把自己关在办公室里,废寝忘食地收集了大量材料,学习很多航天知识。

克朗凯特宣称,"我要了解每一个细节。"所以他基本上每天都要去国家宇航局,收集了大量的相关资料,非常详细地了解"阿波罗"的每一个细节,反复琢磨这其中每一个部分,以至于他对火箭的结构、登月的术语,还有其原理、性能、机制,甚至将它有可能出现的障碍、风险,都非常详细地做了笔记。并且还不断请教专家,来解决他不懂的种种问题。除此之外,克朗凯特还会调查研究怎样才能用一种通俗形象、生动的语言,来阐述这些本来令观众感到枯燥乏味的科技创举。

当时担任这一报道的制片人赫福德说,"他肯定比其他所有人更了解登月的细节,而且能以一种非常轻松活泼的方式向观众解释。沃尔特坐在主播席上报道,我和同事则用耳机听他的话,以及记者传回的最新消息。我们听到他一边有条不紊地播报,一边还冷静地指出记者的报道错误。大家心里都纳闷:天啊,他怎么会什么都知道呢!"

的确如赫福德所说,克朗凯特用平实的语言来为大家解释着,现在正在发生的是什么,现在进入了什么轨道,这个轨道是怎么来设计的,等等。在这次全程的报道中,克朗凯特侃侃而谈,如数家珍,深入浅出,并且生动形象,这让许多观众,甚至于很多专家都叹为观止。

克朗凯特拥有着无比坚强的"执著精神",如对航天知识学习的执著精神,研究用什么样的方式"传播"的执著精神,以及他连续主持了30个小时,中间只休息了3个小时的这种执著精神。正是因为这些原因,"阿波罗登月"报道成功了,并且取得了空前的成功!这次报道的成功,也让我们看到了克朗凯特在主持过程中所体现出的对事物独特的感受能力和表达方式,以及他独立的思想意识和思维视角,还有他对新闻事件的敏锐程度,等等。这些因素造就了克朗凯特的这一次巨大成功。

从上面这两则故事中,我们看到了水均益和克朗凯特这两位著名主持

我的未来不是梦

人的执著精神，以及他们对新闻的敏锐的能力。敏锐的能力和执着的精神，正是促使他们成为如此著名主持人的因素之一。而这种执著精神，以及敏锐的能力，也正是一般主持人所难以企及的，所以，我们应该将他们作为参照学习的好榜样。

培养执著的精神和敏锐的能力，会使我们慢慢发现，其实，成功就在不远处。

逐梦箴言

执著是我们不屈不挠精神的映射，执著更是我们一双开拓未来、创造多彩人生的手。作为一个主持人，不仅要有执著的精神，而且，当我们面对突发新闻时，更需要敏锐的嗅觉。当你将自己培养出来执着的精神和对新闻强烈的敏感度时，你就一定会成为一名优秀的记者型主持人。

知识链接

沃尔特·克朗凯特

在密苏里出生，在得克萨斯长大，在合众通讯社（即后来的合众国际社）接受了职业记者训练。到哥伦比亚广播公司从业之前，他先在一些小报社和广播电台谋职。但合众社是他的精神家园，并且在他以后的生涯中留下了巨大影响。在合众社，他学会了准确报道、精练写作，并且快速发稿。

■ 幽默说话和认真倾听是美的表现

英国戏剧家萧伯纳说过："没有幽默感的语言是一篇公文，没有幽默感的人是一尊雕像，没有幽默感的家庭是一间旅店。"我国相声大师侯宝林曾经说过："没有笑声的生活是一种酷刑，没有笑声的生活不成为生活。"

没有人会拒绝快乐，而幽默作为一种语言艺术再创造的形式，是说话人所持有的对审美的选择，也是主持人在主持节目时的一个非常重要的创作元素。主持人的幽默是在不动声色地制造出悬念的基础上，用各种形式加以渲染，并完成轻描淡写的反转或者是一次突变，让观众在不知不觉中感受到其中的奥妙，和所带给我们快乐的信息。

崔永元是央视个性比较鲜明的一位主持人，他幽默的主持风格被众人所接受，并深受大家喜爱。他的幽默不仅仅体现在语言艺术的表层上，而且从事物本身挖掘出更深层次的含义。

比如，崔永元会在节目中巧妙地运用幽默的话语来实现谈话内容的转移。有一次在节目中，云南省委书记白恩培接受了很多礼物之后，崔永元开了个玩笑，并以此自如顺畅地转移了话题，从而推进了谈话的进程。

崔永元：这个你送给书记吧。我觉得傣家人就是太热情了。

白恩培：太热情，这么多东西。

崔永元（抱着礼品）：白书记你说咱还聊吗？回家得了。（观众大笑）好像正事儿还没说呢，你们是在橄榄坝那个地方是吧？

由于礼物太多，大家一旦都将注意力转移到了这些礼物上，而本应该

我的未来不是梦

谈新农村建设的话题就被搁置了。崔永元用一句幽默的玩笑话引得观众大笑，从而将注意力转移回来，也顺势巧妙地转移了话题。

崔永元的幽默机智众人皆知，他的主持故事数不胜数，有一次在节目中采访一位大学生。

大学生：都说你崔永元语言了得！会说方言吗？我会多种方言，你敢和我比比吗？

于是，大学生说了广东话、客家话和闽南语。崔永元说他一句也听不懂。大学生听后非常得意。

崔永元：请问你叫什么名字，哪个学校的，学校在什么地方，哪个班级，住哪个宿舍…

大学生：你问这么详细干什么？

崔永元：啊！没什么，我回北京以后，是想抽个时间向国家语委报告，在广州的某个学校，有一个不提倡讲普通话的角落，方言很盛行，请他们来查查！

在这个故事中我们看到，这位大学生很显然是抱着挑战的态度来的，但是他却忽略了一个非常重要的基本事实，那就是崔永元语言的确是了得的，重要的不是他会多少种语言，而是他的语言很机智幽默，有自己的独到之处。

当然崔永元并没有从这个角度去回答，反而是用幽默的口吻从提倡普通话的角度来"反驳"这位大学生。这样既回答了他的问题，同时还传达了一个国家在大力提倡普通话的信息，而他作为大学生更应该起到一个表率的作用。

从崔永元身上，我们幽默的主持风格在他的身上熠熠发光。他的幽默不仅仅是单纯的搞笑，同时也传达出另一层含义。这其实体现出的是一种智慧，是一种美。

当然，幽默的美感，除了一部分来自于天赋，还有一大部分来自于后天的努力，在生活中多观察，多积累，从而形成的感悟。

主持人汪涵可以说是湖南卫视的台柱子，他幽默风趣的主持风格大受

好评,并被封为"策神"。汪涵的幽默风趣往往是大珠小珠落玉盘的感觉,在主持的过程中,总是能蹦出令观众开怀一笑的话。

有一次在节目中来了一个拍广告的小男孩。

汪涵问小男孩:你从几岁开始拍广告?

小男孩:4岁。

汪涵:拍广告的钱给你还是给爸爸妈妈?

小男孩:给我们全家。

汪涵:4岁就开始养家了……

他总是在不经意间,就调动了观众的笑点,比如他在节目开场介绍自己的时候,常常是花样众多,不失幽默,调动观众。

汪涵:我是李湘……

观众:不对,你是汪涵。

汪涵:我是李湘的搭档汪涵。

汪涵:我是主持人汪涵。我今天感到非常幸福。

李湘:为什么呢?

汪涵:因为场上就我一个男的。

汪涵:我就是无比幸福的主持人汪涵。我就是人见人爱,花见花开的主持人汪涵。

节目主持人的幽默其实是一种精心的审美选择,德国著名演说家雷曼麦曾说过,"生活中的每一个人,只要有一定的文化修养,敢于不接受无聊的束缚,你的幽默细胞就会活跃起来。"

作为节目主持人,应该有坚定的毅力,在工作和生活中,注意观察发现,感受和积累,同时,也要在生活的基础上进行艺术创造,从而表新出幽默的主持风格。但是一名优秀的主持人,不但要会说,而且还要学会另一门艺术,这就是倾听的艺术。只有认真倾听,才能更好的去说。央视《面对面》

我的未来不是梦

节目的著名主持人王志说："一个会问的人首先是一个会听的人，会想的人。"

随着受众的审美观和价值取向的改变，观众对谈话节目主持人的要求也越来越高。

不管是什么样的电视节目，尤其是谈话类的节目，主持人的倾听是非常关键的环节。只有善于倾听，并且具有独特的人格魅力的主持人，才能赢得观众的心，才能使节目越做越火。

美国知名主持人理查德·林克莱特有一天访问一名小朋友，他问小朋友："你长大后想要做什么呀？"

小朋友天真地回答："嗯……我要当飞机的驾驶员！"

林克莱特接着问："如果有一天，你的飞机飞到太平洋上空所有引擎都熄火了，你会怎么办？"

小朋友想了想："我会先告诉坐在飞机上的人绑好安全带，然后我挂上我的降落伞跳出去。"

当在场的观众笑得东倒西歪时，林克莱特继续注视着这孩子，想看他是不是自作聪明的家伙。没想到，接着孩子的两行热泪夺眶而出，这才使得林克莱特发觉这孩子的悲悯之心远非笔墨所能形容。

于是林克莱特问他说："为什么你要这么做？"

小孩的答案透露了这个孩子真挚的想法："我要去拿燃料，我还要回来！"

林克莱特的这段经典的访问故事，让我们读懂了倾听的艺术，正是因为他选择了继续倾听小男孩的话，没有听到一半就打断了小男孩，才让大家知道小男孩真正的心里意图。

所以说，想要成为一名优秀的主持人，一定要学会说和听的技巧。幽默的风格和倾听的艺术都是一名主持人人格魅力的表现，而要做到这些，是需要我们平时在日常生活中多观察，多总结，并进行艺术创造。

逐梦箴言

　　幽默的主持风格和善于倾听的良好习惯，都是作为一名主持人所应该具备的条件。努力使自己成为一个幽默的人和一个善于倾听的人，那么，在播音主持的道路上，一定会有所帮助。

知识链接

崔永元

　　崔永元1981年考入北京广播学院新闻系。1985年毕业后进入中央人民广播电台任记者，客串中央电视台策划《东方时空》等节目，1996年以《实话实说》主持人崭露头角，大受欢迎。崔永元在节目中既是主持人，又是主要演员，既讲故事又演故事。2009年9月底，《实话实说》收视不佳要"下岗"，崔永元倾力打造的《电影传奇》也谢幕播出最后一期节目。2011年9月，"崔永元·新锐导演计划"在北京启动。2012年3月，崔永元称人们收入的增长幅度赶不上物价的增长，从而导致幸福感下降，建议政府健全社会保障体系，让民众找回幸福感。他睿智、幽默，传递出了多种声音，展示了多元化的视角，倡导一种宽容理解的真诚对话气氛。

汪涵

　　湖南卫视当家主持人，也是国内著名娱乐节目主持人。节目风格风趣、幽默、睿智，擅长脱口秀。精通长沙话、湘潭话、株洲话等多种方言。汪涵毕业于湖南广播电视学校播音班，起先在湖南卫视《男孩女孩》剧组工作，1996年11月5日进入当时刚开播的湖南经济电视台，做了两年剧务、策划工作。1998年担任《真情对对碰》的主持人，从此开始了主持人的生涯。曾主持节目有湖南卫视的《玫瑰之约》《音乐不断歌友会》《幸福双响炮》《越淘越开心》《超级英雄》《金牌魔术团》《天声一队》、湖南经视的《越策越开心》等，另外还在央视主持一些节目。

我的未来不是梦

■ 凭借意志成就自己

奥里森·马登说："不管你从事什么样的工作，你坚强的意志和毫不动摇的决心都会帮助你逆流而上，不管水流有多么湍急，面临的障碍有多么大。""凭借坚强意志的一直能够成就伟大的事业，任何困苦也无法阻挡坚强者的前进步伐。"

在我们的生活中，注定要经历很多事情，有的让人心潮澎湃，有的让人沮丧至极，但无论生活的路途是顺畅的，还是正在逆境中，总是有很多的琐事成为我们前进的绊脚石，我们都无法忽视现实生活带给我们的阻碍，但是，恰恰因为有了这些千难万险的阻挠，才铸就了我们坚强的意志。坚强的意志是成功的前提条件，只有经过了艰苦的锻炼和意志的磨炼，才能激发出我们更深的潜能。

无论我们在什么情况下，都不应该轻易放弃自己的信念和追求。在困难和挑战面前，我们不应该回避，不应该退缩，而是应该以一种大无畏的精神来勇敢地接受。

作为电视节目主持人，不仅曾经两度获得相关大奖，并且，她有自办的电视节目。在美国、加拿大和英国，平均每天有千万的观众收看她的节目。她就是美国著名主持人莎莉·拉斐尔。拉斐尔如此成功，但是，在她成功的背后，却有着十八次被辞退的经历。

拉斐尔原本是一家电视台的主持人，但是由于经济衰退，电视台辞退了众多员工，其中就包括拉斐尔。失业的拉斐尔在现实面前只得选择接受，

并开始了寻找工作的艰辛路途。那个年代的美国电台形势对于女性来说非常不利,那时的美国大陆无线电台大都认为女性主持人不能吸引观众,所以,最终没有一家电台肯收留拉斐尔。

但是为了生存的需要,拉斐尔辗转到了波多黎各寻找工作。但是拉斐尔并不懂西班牙语,这使她找工作有了一定的困难。于是,拉斐尔为了精通西班牙语,花了整整三年的时间,就这样,她才能在波多黎各找到一份通讯社的采访工作。

然而这份工作并没有持续多久,在一次非常重要的采访中她丢掉了这份工作。当时正赶上多米尼亚共和国发生的一次震惊世界的暴乱事件,出于很多原因,通讯社的负责人拒绝派拉斐尔到多米尼亚采访。

但是拉斐尔并没有听从负责人的安排,而是自己飞到那里做了采访,因为在她看来,被辞退和进行正义采访之间,采访更重要一些。为此,她付出了被辞退的代价。从此以后,几年的时间里她不停换工作,不停被人辞退,甚至有些电台非常刻薄地指责她根本不懂什么叫做主持。

但是拉斐尔并没有气馁,1981年,她在纽约的事业开始有了起色,但是正当她要有一番作为之时,却又一次遭到了电台的辞退,原因是她的思想过于保守,跟不上时代的要求。

拉斐尔的这次失业长达一年之久,在这失业的一年中,她向一家广播公司电台负责人推销她的脱口秀节目计划,但是在眼看着美梦将要实现的之际负责人被调离了电台,她的计划泡汤了。但是她并没有放弃,找到了另一位负责人再一次提出了她的计划。

遗憾的是,这一位负责人同样意外地被调离了电台。失望的拉斐尔再接再厉第三次说服了一位职员,这位职员接受了她的计划。就这样,拉斐尔经过一次又一次的努力,最后她的节目终于开播了。随后,她的主持风格引起了广大听众的兴趣,几乎在一夜之间,人们都知道了拉斐尔和她的节目。

在回忆自己成功经历的时候,拉斐尔说:"我遭人辞退了十八次,本来大有可能被这些遭遇所吓退,做不成我想做的事情,但我绝不放弃对自己

我的未来不是梦

的希望，一直坚持到最后，所以今天我能幸运地成为著名主持人。"

拉斐尔被辞退十八次的经历对于很多人来讲，应该是无法忍受的打击。这种经历甚至可以彻底摧毁一个人的自信。然而，拉斐尔并没有被这样的悲惨境遇所击退；她反而选择凭借自己的意志更加努力。

一名优秀的主持人，不仅在失败面前应该凭借自己的意志战胜这些阻挠，而且要在主持风格，甚至是个人的气质上，善于用意志来调整自己在节目与生活之间的转换。

美国著名主持人沃尔特·克朗凯特在他的节目中，总是给人一种踏实肯干，谨慎小心，而又沉着冷静的感觉。这位谨慎而和善的主持人在对待"越战"的问题上，却有着不同以往的表现。

在面对"越战"的事件上，克朗凯特大胆地发表了带有个人倾向，并且极富说服力的"反战"意见："看来我们可比以往任何时候都更加肯定，越南的血战将以僵局结束。要说我们今天更加接近胜利了，就等于在事实面前相信那些从前一直是错误的乐观主义者。"

我们在克朗凯特的身上看得出，他是一位既精力旺盛、反应迅速的主持人，同时在他身上我们也可以看到沉着稳重，谨慎小心的特点。他之所以能够表现出这样差异非常大的性格，完全是出于他平时的自我调节。

其实脱离电视屏幕，生活中的他是一个顽强不屈，而又一丝不苟的人物，但是到了电视屏幕之上的他，一下就变成了另外一个人。克朗凯特能在工作和生活中同时扮演两个性格特征的人物，是因为他可以凭借着自己的意志力，努力调节着自己在面对工作和面对生活时不同的气质和风格。

可以凭借意志来调整自己主持风格的主持人，美国有个克朗凯特，中国有个杨澜。从央视著名主持人杨澜主持的两档节目《正大综艺》和《杨澜工作室》中，我们可以看到，她在自己的主持过程中，有着对气质与风格转变与调节的过程。

在《正大综艺》中，杨澜所表现出的一种非常清新的气质和活泼的主持风格。经过多年之后，在《杨澜工作室》中，杨澜所表现出来的气质全然不同，给人一种历史的厚重感，此时她的语言中已充满着一种以人为本的人

文气息,主持风格也变得稳重很多。这与她对节目风格的把握和对自己气质的刻意调节是分不开的。

然而对自己的风格与气质的改变,不是一朝一夕就能够做到的,也不是说改变就能改变的,而是要经过多年不断地总结与学习,不断用自己的意志力来抵抗改变过程中所产生的挫折。

总之,主持人就好像是一件奇石根雕的艺术品一般,需要更好地塑造,而塑造的过程需要不断面对各种阻挠。一个优秀主持人必须根据自身所具备的条件和资质去细细雕琢。所以,在面对困难的时候,一定要有坚定的意志。在任何情况下,都不要轻易放弃自己的信念和追求,勇敢地接受挑战。只要有坚定不移的意志力,终有一天会成就自己。

逐梦箴言

意志在人的事业成就过程中起到至关重要的作用。意志可以调节人的行动;可以控制人的心理状态;可以提高其工作效率。面对快节奏、高竞争的现代社会,人们要磨炼意志的坚毅性、自觉性、果断性,凭借意志使自己事业有成。

一个人之所以事业有成,起作用的不仅是他的聪明才智,更重要的还在于他有坚韧不拔的毅力和勇气,他们的聪明才智也会在战胜挫折和失败中得到运用和发展。

知识链接

莎莉·拉斐尔

美国著名的节目主持人,曾经被辞退过十八次。她尝试投身于其他行业,却屡次碰壁。经统计,她平均每隔一年或半年便会被辞退一次。

我的未来不是梦

● 智 慧 心 语 ●

大多数的人想改造这个世界，但却罕有人想改造自己。

——托尔斯泰

聪明的资质、内在的干劲、勤奋的工作态度和坚韧不拔的精神，这些都是科学研究成功所需要的条件。

——贝弗里奇

幽默是表明工人对自己事业具有信心并且表明自己占着优势的标志。

——恩格斯

第六章

正规军挑战野战军

你好！我是主持人！

○导读○

　　如今活跃在我们视线中的主持人,不全都是科班出身的。有的人吃了比科班出身的主持人更多的苦楚,是在经过无数磨难之后出现在我们面前的。然而,科班出身的主持人和非科班出身的主持人,谁更优秀? 你要看他们的经历和他们的感悟了!

■ 良师益友

子曰："三人行,必有我师焉。择其善者而从之,其不善者而改之。"每一个人都是社会中一个独立的个体,拥有着属于自己所特有的个性和特色。但是,在我们的生活中,我们又都是过着群居的生活。彼此交流,相互学习。无论一个人是否优秀,都有值得别人学习的闪光点。

所以说,我们不仅可以从书本上得到知识,还可以从不同的人身上学到不一样的东西。而我们的老师也不仅仅局限于课堂教书的老师们,身边的同学,同事,朋友,甚至是一个陌生人,都可以成为我们的老师。

著名的主持人许戈辉就把自己采访的嘉宾叫"师傅",而许戈辉对此的解释是,她采访的嘉宾大多是成功人士,而她经常会思考一个问题,就是他们为什么会成功。在采访的过程中,常常会从这些嘉宾的身上学到不一样的精神和思想。因此许戈辉说,他们都是我的老师,所以我称他们为"师傅"。

许戈辉常常会在这些"师傅"身上学到很多东西,比如,在采访徐静蕾的时候,许戈辉从徐静蕾身上,学到了鼓励一个人其实是非常重要的。当徐静蕾执导《一个陌生女人的来信》时,一起合作的摄影师、灯光师等都是电影界的翘楚,而男主角更是以有个性闻名的影帝姜文。

为此徐静蕾会很自然地想到,这些如此厉害的人,一定不需要她这样的一个新人来肯定。但是在拍摄的过程中,当她很自然地对一段片子表示满意的时候,姜文会说:"我很受鼓舞"。为此,徐静蕾恍然大悟,不管是有多么成功的人,其实,都是需要鼓励的。在与别人交往的时候,一定不要吝

啬赞美别人。

　　还有一次许戈辉在采访美国著名主持人迈克·华莱士的时候，她想，这么著名的一位主持人，什么场面没见过啊。可是当她在进行采访的时候令她感到非常意外的是，这位阅人无数的老前辈竟非常的谦逊。

　　每当许戈辉向华莱士提出问题的时候，他都是非常热情地称赞许戈辉问得非常好，然后很认真地思考问题并给出真诚的回答。

　　这让许戈辉明白，虽然称赞对方是美国人自小就会受到的教育，但是这对被称赞者是一种莫大的鼓舞，非常受用。这样的称赞会非常自然的创造出一种良性循环，从而会促使整个访谈在一个非常惬意轻松的氛围下顺畅进行。

　　许戈辉经常会从这些"师傅"身上得到力量，每每想到这些"师傅"们经历过那么多的挫折，就会觉得自己这点儿事儿不算什么事儿。比如采访"乒乓女皇"邓亚萍，邓亚萍的身高虽然只有 1.49 米，但是她却能以这种不合格的先天条件，战胜全球最强大的对手！

　　刚刚退役的邓亚萍，英语基础几乎为零，但是经过她的奋发苦读，最终可以走到申奥的陈述台前，用一口漂亮的英语为北京申奥进行陈述，这一路的努力和艰辛令许戈辉为之动容。

　　还有一次采访令许戈辉难忘。当她采访台湾仓颉输入法的发明人朱邦复先生时，他正致力于研究一种中文系统的操作平台。通过与朱先生的接触之后，许戈辉深深感受到他们不是单纯研究一种输入法、操作系统，而是认为优秀的中华文化应该传承。

　　特别是在电脑技术以如此宏大的力量冲击着社会的时候，对于有着十二三亿人口的中国来说，不是每个人学会了用计算机就是大喜事；在这个过程中，应当看到美国文化在不断渗透，并有一种统领世界文化的趋势。所以，中国科学院软件所以及清华大学等单位的有识之士，都在特别辛苦地从事这项工作。

　　开始的时候，许戈辉认为计算机是一个冷冰的没有生命、没有情感的机器而已，然而，通过主持节目，她发现电脑并非深不可测，遥不可及。而如今，当她采访了计算机技术人员之后，对计算机知识有了更多的认识。

从此她不仅开始接纳计算机,而且被计算机技术人员所感动。

　　许戈辉有了这些新的认识和新的感受,都归功于她的这些"师傅"们。不仅采访对象可以成为主持人的良师益友,家人同样也是良师益友,而且是我们最熟悉的良师益友。

　　央视著名主持人毕福剑就是采纳了父亲的意见之后,将节目办的更好。毕福剑一路走来,经历了很多意想不到的转折,就连当上主持人都是一次意外的转折。

　　毕福剑从小的梦想是参加海军,但是转业后意外地考上了广播学院,大学时读的并不是播音主持专业,而是导演专业。工作后干过记者、摄影师,去北极区转了一圈,却偏偏没有拍戏,为此,被同学戏说是班级里最不务正业的人。

　　毕福剑当上主持人纯属偶然,因为当时情急之下没有合适的主持人,于是担当节目导演的毕福剑临时上去凑个数,没想到台里领导非常满意,大手一挥,就定了老毕!毕福剑对于踏上主持之路幽默地说:"这纯属误会,人的一生都会有误入歧途的经历。"

　　有一年春节,一直关注儿子节目的父亲又和毕福剑聊起了栏目。老爷子一边逗着孙女,一边看似漫不经心地对毕福剑说道:"你那个《人间万象》人气不怎么样,我觉得主要原因是缺少普通百姓和家庭的直接参与。"

　　毕福剑马上向父亲讨教:"那怎么才能把节目办得大家都愿意参与呢?"

　　看来父亲早就做足了功课,他胸有成竹地说道:"让大家自己表演自己。很多人都做过演员梦,但因为种种原因没有实现,你要能让他们走上台表演一段,肯定非常有意思,如果一家三口都能上台就更有意思了!"

　　父亲一席话让毕福剑茅塞顿开,他越琢磨越觉得这是一条路,兴奋地说:"姜还是老的辣。"父亲不急不慢地答道:"要不我怎么是你爸。"

　　回到北京后,毕福剑立刻按照父亲的建议,开始筹备。很快,毕福剑等人策划的《梦想剧场》获得台里批准,开始录制。

　　这个节目能不能成功,主持人非常关键。可是一连试了好几个专业主

我的未来不是梦

持人都不理想，觉得他们字正腔圆，一脸正派的"主持"味道太浓厚了，与业余演员自然朴素的表演风格非常不协调。

眼看节目送审时间临近，集制片、策划和导演于一身的毕福剑着急了，干脆亲自上阵做示范。他本来只是想做出一种感觉来，先送给领导审查，待审查之后再另行找正式的主持人。没想到领导看了节目后，非常高兴，大手一挥，兴奋地对毕福剑说："用不着再找，就是你了！"从此《梦想剧场》开播，并一炮打响，收视率直线上升。观众们喜欢上这个热闹又逗乐的栏目的同时，也不知不觉地喜欢上了毕福剑这个"没正形"逗乐子的主持人。毕福剑的老父亲看了儿子的节目后，连声称赞。

我们总是可以在身边的人身上得到良好的建议或者意见，也会从别人的故事中得到很多启发和感受，不管是好的还是糟糕的，我们不仅可以通过自己的经历得到成长，也可以在身边人的故事中得到成长。这样，不管是采访对象，还是亲人，或者别人身上的故事，亦或者是书本，都可以成为我们的良师益友。我们要多从别人身上看到听到学到，从而更加丰富自己。

逐梦箴言

每个人都有自己的长处和短处，只有不断地吸取别人的长处，弥补自己的短处才能成为一个好学的人，一个不断进步的人。人的地位高低，不是由财富决定的，而是由他的道德水平和学问高低决定的。要提高自己的道德和学问就要不断地学习。要看到自己的不足，承认每个人都有优点和长处，都是值得他人尊重和学习的。人只有虚心向他人学习，才能取人之长，补己之短，促进自身道德的不断完善。

知识链接

许戈辉

1991年参加中央电视台青年业余主持人大赛,获第一名。早在学生时代她就涉足电视,1991年到1995年间,在电视圈的制高点中央电视台,主持过多种类型的固定栏目以及大型专题节目和晚会,包括《12演播室》《正大综艺》《东西南北中》和春节联欢晚会、国庆晚会等等。10年前,她在众人的一片不解中离开央视加盟香港凤凰卫视,主持访谈节目《名人面对面》至今。

毕福剑

中央电视台文艺部导演,是中国记者进入北极的第一人,同时他也是央视优秀的主持人之一。主持的主要节目有《星光大道》《梦想剧场》《五一七天乐》等。其主持风格朴实自然、风趣幽默,常被称作"老毕"。2011年年末,毕福剑被选为龙年春晚的主持人。

北京申奥

申办奥运是中国人民长期以来的意愿,1991年2月,北京市向中国奥委会正式提出承办2000年奥运会的申请,随后在中国奥委会举行的全体会议上,一致同意了北京市的申请,并向国际奥委会和有关的国际体育组织通报了北京的申请。1991年3月,经国务院批准,北京2000年奥运会申办委员会正式成立,并于1991年12月,派出北京奥申委代表团赴瑞士洛桑向国际奥委会主席递交了申请书。2001年7月13日,国际奥委会主席萨马兰奇先生在莫斯科宣布:北京成为2008年奥运会主办城市。

我的未来不是梦

■ 思维方式与沟通方式成就主持之路

一个人的思维和语言来自于这个人的修养和心灵。一位优秀的节目主持人需要有良好的思维方式和沟通方式，可是主持人的思维方式和沟通方式，不仅仅源于修养和心灵，还在于主持人在此基础上的创新。然而主持人的创新冲动，来源于对职业的追求，这可以使主持人的发展拥有更加自信的未来。

如今在传统的视觉效果不断变更的时代，主持人的创新思维方式和全新的沟通方式，慢慢变得重要了起来。当观众已经不再将关注度放在视觉效果上的时候，他们已经开始挖掘更深层次的东西予以关注。

无论是新闻节目的主持人，还是娱乐节目的主持人，都需要在思维方式上增强自己的特色。湖南电视台主持人汪涵，在主持《天天向上》的一期节目中，邀请到了一个泰国乐队组合。

当主持人问到他们是否熟悉中国的流行歌曲时，他们唱起了《还珠格格》中的歌曲："你是风儿，我是沙，缠缠绵绵到天涯……"

台下的观众非常认真的听着他们那带有异域风情的演唱，全都沉浸在这快乐之中。然而就在此时，汪涵突然表情变得愣愣地，随即学着泰国乐队组合成员们的腔调，也跟着唱了起来："你是风儿，我是沙，和在一起成泥巴……"

随着汪涵的歌声落定，顿时，全场大笑起来。

汪涵在节目中运用了一种发散思维的方式，制造了现场幽默的效果和全场轻松愉快的气氛。这种发散思维的方式看起来非常简单，似乎信手拈来，但是实际上，这是要看主持人思维广度的具体体现。

发散思维就是思维由一个点，向无限的空间放射出去。说得通俗一些，就是当我们看到或听到某一现象时，尽可能多地想到与之相似或者相反的其他现象。对于主持人来说，发散思维可以扩展主持人的思路，围绕一定的主题，充分调动自己的知识储备，并且通过主持人的想象和联想，快速形成形象的、具体的、生动的、鲜活的语言表达出来。

这是优秀的主持人应该具备的一种思维方式。它能让你的主持变得更加丰富多彩，同时也能让你变得更加自信。

主持人，一定要想得多，想得广，不能仅围绕着所掌握的材料而不假思索，一定要从多方面多角度观察思考。而作为主持人不仅要将思维广度扩大，同时也要将思维的深度加深。

央视著名主持人柴静在主持《新闻调查》时，有一期讲到揭露某假网戒中心采用"电击疗法"虐待网瘾少年。

其中有一段主持人柴静采访网瘾少年小张的话：

柴静：你在这接受过电击治疗吗？

小张：接受过。

柴静：疼痛吗？

小张：有一点疼，但不是很疼。

柴静：你能接受吗？

小张：能接受。

柴静：为什么需要这样的疼呢？

小张：它能让大脑清醒，能在内心深处思考问题。

柴静：为什么疼痛的时候你就能清醒呢？

（此时，小张已经略显尴尬）

小张：只是一点点疼，就是那种微痛。

柴静：你觉得你是真的清醒了？还是说你是因为害怕就服从了？

（此时，小张的眼里流下一滴眼泪）

小张：真的清醒了。

柴静：真的吗？

我的未来不是梦

小张：真的

柴静：为什么哭呢？

小张：我没有。

（画面特写，小张已泪流满面）

在这段访谈中，主持人柴静的问话处处都带着质疑，顺着小张的回答，步步为营，当她发现孩子因害怕被电击而不敢说真话时，干脆就直接指出来"是不是因为害怕就服从了？"小张受到震动，而不由自主的掉下眼泪。但是柴静依然寸步不让，继续追问道："为什么哭呢？"虽然小张一直在极力掩饰着自己内心的恐慌，但他泪流满面的特写已经说明了一切。

柴静正是运用了质疑思维的方式，层层递进，步步紧逼，不需要主持人在额外地做出点评，在这一问一答中已经揭开了网戒中心的真实面目，从而显示出了主持人思维的深度。

良好的思维习惯并不是主持人天生就有的，而是需要掌握了相关知识之后勤加苦练，并付诸于实践。而优秀的主持人不仅仅要有良好的思维方式，也需要有一个良好的沟通方式。

中央电视台著名主持人敬一丹坦言，自己当年下基层采访时失败的经验教训。敬一丹曾一度以为自己非常会和农民说话交流，而且，也懂得见什么人说什么话。但是一次采访经历却给了她一次深刻的"教训"。

有一次，敬一丹到山东采访一位养猪协会的会长。在做采访之前，敬一丹特意找到了相关专家，了解情况，并做了很多功课。经学习之后，她对农民自发成立的产业协会有了很多的了解，自己心里也觉得很有底儿了。

但是采访一开始，敬一丹就遇到了麻烦。因为她刚一开始采访，刚问了一句"您的养猪场辐射了多少农户"时，被采访的养猪协会会长就直摇头，说道，"记者同志，您的话我听不懂。我不知道什么叫辐射。"

敬一丹一听，头一下就大了，一时不知道该如何继续采访了。没办法，采访不得不中断。最后，还是那位会长的一句话使敬一丹恍然大悟，茅塞顿开。会长说："你别管我叫会长，我就是个养猪头儿。"敬一丹听后，一下找到了可以代替刚刚那个问题的问法，她说："那你这个养猪头儿管着多少家？"这一问开始，采访才得以继续进行。通过这次经历，敬一丹深有感触，她说，人要对自己的语言惯性有一个自省。很多人一张口就带着自己的语言惯性，却发现不了自身的毛病。难怪老百姓经常批评一些官员不说"人话"，专说官话、套话和大话。这是因为很多官员都习惯于说书面文字或官方语言而造成的这种状况。官员们自己没意识到，可是老百姓其实并不理解。这也就是为什么敬一丹在采访时刚问了一句，就得到了个'听不懂'的回应的原因。

所以说，不管是记者还是主持人，都不应该把书面语或开会的语言直接搬到媒体面前。一定要面对什么样的被采访人，就说什么样的话。一定要用适当的方式与老百姓沟通。

逐梦箴言

思维决定着人会采取什么样的行动，一个人在固定的环境生存长时间后，势必进入思维定势的怪圈，只是自己没有意识到而已。想当然、从众、抱残守缺、盲目迷信权威等不良习惯接踵而至，在这种思想主导下的个人，必然走向固步自封！改变从心开始，心是思维的源泉，凡是需要跳出事物本身看问题，把任何问题都放到更大的时间、空间内部去考虑，多从正向思维着手，自然能够培养积极的行动。

知识链接

思维定势

所谓思维定势，就是按照积累的思维活动经验教训和已有的思维规律，在反复使用中所形成的比较稳定的、定型化了的思维路线、方式、程序、模式。思维定势是由先前的活动而造成的一种对活动的特殊的心理准备状态，或活动的倾向性。在环境不变的条件下，定势使人能够应用已掌握的方法迅速解决问题。而在情境发三变化时，它则会妨碍人采用新的方法。消极的思维定势是束缚创造性思维的枷锁。

我的未来不是梦

■ 无法选择出身，但可以选择自己

　　没有人可以选择自己的出身，你也许出身卑微，也许出身贵族，但不管出身何处，每一个人，都有权利选择自己今后的生活。如若出身贵族，并不意味着就可荣华一生，如果出身卑微，也并不意味着就要穷困潦倒一生。这就好像我们玩扑克牌，抓拍的时候并不知道会抓到哪一张，但是我们可以选择如何出牌。

　　央视著名主持人赵普的人生经历，就是一个非常好的实例。赵普出身在安徽省一个贫困的农村，还在上初中时的赵普，便面临着放弃读书的艰难抉择。因为当时赵普家中一个哥哥和一个姐姐都要面临结婚的大事，对于他们这个并不富裕的家庭来说，这是一笔非常庞大的花销，赵普为了给家中减轻负担，决定放弃读高中的机会，而是选择了去当兵。

　　因为在新兵连联欢会上的诗朗诵，而被分配到连队当司号员。但是赵普从来没有因为这样的经历而感到人生无望，而是想：只有朝理想不断努力，有一天机会降临时才会被伯乐发现。于是，他开始利用业余时间来学习播音主持艺术。

　　赵普为了练好普通话，将字典中的字和字音抄录下来，并做成小卡片，放在衣兜里，一有时间就翻出来看，并一个字一个字的练习。不仅如此，赵普为了能练好主持人的形象和表情，便搜集来一些关于主持人的挂历，挂在镜子的旁边，每天都照着挂历，对着镜子，一遍遍的练习。

　　滴水穿石，杵磨成针。赵普在经过不断的练习之后，不到半年，普通话

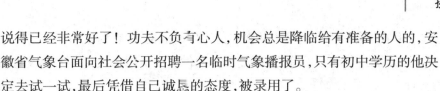

说得已经非常好了！功夫不负有心人，机会总是降临给有准备的人的，安徽省气象台面向社会公开招聘一名临时气象播报员，只有初中学历的他决定去试一试，最后凭借自己诚恳的态度，被录用了。

随着赵普越挫越勇的精神，几经周折，待业、卖过服装，并通过自己的拼搏，报考了北京广播学院播音系干部专修班。就这样，赵普从农村走出来，经过自己的奋斗，并没有因为出身寒微而自卑，反而通过自身的努力选择了自己的生活方式，而且，最终成为了中央电视台著名主持人。

赵普的经历告诉我们，别为自己的出身而心灰意冷，最重要的是积极奋斗并善于把握机遇。即使没有一个非常良好的成长环境，可是能够磨炼自己的意志，锻炼自己的能力。

像这样的主持人还有很多，台湾著名的综艺节目主持人胡瓜，他的经历就非常的坎坷。

胡瓜是客家人，所以，小时候经常受到别人的歧视。从小在农村生活的他，早早的就学会了到田地里干农活，上学后，因为家中贫困，打零工变成了他比学习更为重要的事情。

自从小学毕业以后，胡瓜就再也没休过寒暑假。于是，送报纸、送牛奶、挖水管等等，这些不同种类的零工从此成了胡瓜的主要工作，而这些繁忙的课余工作，使胡瓜的学习成绩一落千丈。在胡瓜读完中学之后，便踏上了从农村到城市的火车，早早地步入了社会，打拼天下。

当年，仅仅 18 岁的胡瓜，因为想要更快的赚钱，找到了一条出路，报考了一家舞蹈团，学起了跳舞。因为当时在他看来，跳舞是赚钱最快的办法。而恰恰因为舞蹈艺员的这个角色，成为了他走进娱乐圈的一个很重要的契机。

自小生活在农村的胡瓜，身上带着一股农村孩子特有的韧劲，正因为有了这种不服输的精神，胡瓜很快就成为了舞蹈团里的喜剧演员。由于他自然的幽默风趣和他的青春朝气，得到了众多前辈的赏识和提拔。从此，胡瓜就好像是一个破旧的布料包裹着的金子一般，随着破旧的布料渐渐被揭掉，胡瓜的身上也渐渐地发出光芒，崭露头角，成为了一颗闪闪发光的新星。

我的未来不是梦

　　胡瓜在自己不懈的努力认真对待工作的前提下，在前辈的指点和提携下，开始得到了许多主持的机会，艰苦的付出使得胡瓜成为了大哥级的主持人。

　　富家子弟不一定是闪闪发光的金子，出身贫寒的孩子也不都是硬邦邦的石头。一个人的出身虽然是他今后成功与否的客观条件，但不是必要条件，重要的是内在的必要条件。这就是聪明人会认真选择做一个怎么样的自己。

　　胡瓜并没有因为自己的出身就从此意志消沉唉声叹气，而是选择了为自己谋出路，为自己打拼天下，为自己创造未来。他用自己的意志和自己的韧劲儿取得了今天的成就。

　　一个人在无法选择出身，但有权利选择自己的未来，没有任何人会因为你的出身而阻止你前进的脚步。当你摊开手掌的时候，掌心里要握住属于自己的命运，要靠自己握紧双手，握紧自己的命运！

逐梦箴言

　　不要为自己的出身而心灰意冷，重要的是自身的努力。苦难是人生最好的大学，虽然自己一时没有良好的成长环境，可是能够磨炼自己的意志，锻炼自己的能力。

知识链接

赵普
　　男，1971年出生，安徽池州人，硕士学位，毕业于北京师范大学，中央电视台新闻节目主持人，曾主持《朝闻天下》《晚间新闻》。

■ 接纳不完美的自己

金无足赤,人无完人。每一个人都不是完美的,每一个人的身上都或多或少有着自己不愿意触碰的不足之处。很多人都对自己的不足之处感到厌恶,甚至不愿意去面对。

在每一个人的心中都会藏着一个"公主"或者"王子",而这"公主"或"王子"都是我们在排除掉那些不愿面对的不足之后所美化的自我。没有人愿意挑出自身的那些不足来细细端详,甚至连看一眼都不愿意。

但是人们忘记了,那些不足其实是与自己息息相关的,是属于自己的一部分。如果不能正视它们,那么,将永远陷于它们那无止境的黑暗中,变得自卑,变得黯淡。殊不知,其实我们身上的每一个不足都覆盖着一个我们没有发现的优点。如果我们能够接纳那些不完美,也许会发现另一片天空呢!

央视著名主持人张越,出生在北京一个很普通的家庭,1995年毕业于首都师范大学中文系。在中央电视台女主持人的这一群体中,张越说自己"确实就是一个比较另类的主持人"。说自己另类,其实是与她的成长过程有很大程度的关系。

张越在诉说这一真实感受时,是这样说的:"我曾有过因为自己与别人样子不太一样,而被伤害的经历,所以我非常痛恨一元化的生活方式,我坚持每个人都有权保持自己的生活方式,但前提是不妨害他人。我永远都不能忍受多数人欺负少数人,而且仅仅就因为那个人和他们不一样。"

我的未来不是梦

　　张越刚出生的时候明显比别的婴儿个头大，而且是个人见人爱的胖宝宝。但是随着年龄的增长，肥胖不再使张越像从前那样得到更多人喜爱了，反而使她成为了学校同学们取笑、欺负的对象。这让张越伤心又难过，渐渐地，一种自卑的心理慢慢滋生起来，也因为自卑而自闭起来，不与人交流，不交朋友，一味地活在自己的世界中。

　　这样的自卑心理一直困扰着整个少年时期的张越，但是张越并没有因为这种自身的不足而深深陷在自卑中不能自拔，她不断丰富自己，随着读书的增多，张越开始明白，肥胖并不是自己的错，也没有使她成为不健全的人，而她跟其他正常人一样，有着健康的身体，有着正常的思维方式，同样她也有和其他人一样可以展示自己、塑造自己的权利。

　　于是，张越开始学着接纳自己的肥胖，也开始学着摆脱肥胖带来的种种困扰。当她大学快要毕业时，张越慢慢地摆脱了这种自卑的心理。而是开始从自闭中走出来，开始与人交流，开始广交朋友，开始学着多接触社会。也开始穿起了自己喜欢穿的各种各样颜色鲜艳的衣服。

　　从此张越开始变得自信了起来，说话的嗓门也大了起来，眼神中流露的神情也开始不一样了。正是因为张越接纳了不完美的自己，从而找出了那部分被不完美所遮盖住的优点，于是，她开始一点点的完善自己，一点点的塑造自己，从而展现出自己本身就拥有的魅力。

　　随着张越的努力和对写作的追求，她被央视发现，并成为了《半边天》的主持人。这时的张越，已经完全克服了自卑的心理。也变得越来越自信、越来越美丽了。在节目中她可以口若悬河、咄咄逼人，机智幽默的对白常常引得观众哄堂大笑。

　　现在的她，依然胖得富态，但是给人第一印象，已经不再是她的肥胖，却是她的自信乐观、坦诚开朗。她的笑容，她的快乐，她的真诚，她的这些经过自己内心雕琢之后而形成的心态，使她更有魅力了。正是因为张越接纳了自己肥胖的不足，所以现在她活得更真实，更潇洒了。

逐梦箴言

　　真实的面对自己,远比我们想象的要困难得多。学会了承认自己,接纳不完美的自己,和自己成为朋友。承认和接纳完整的自我,意味着平等对待自己的每一项特质,既不刻意彰显,也不刻意压抑。单是大声说出来"我知道我的控制欲很强"并不够,我们还必须了解控制欲能给我们带来什么,接受它的馈赠,用包容的眼光来看待它。

知识链接

张越

　　1965 年出生在北京,1988 年毕业于首都师范大学中文系,之后一直从事教师职业,期间作了一段时间的自由撰稿人,并开始尝试电视编剧,参与了《我爱我家》、《临时家庭》等大家熟悉的电视剧的创作。1995 年底,张越开始担任中央电视台《半边天》节目主持人。

我 的 未 来 不 是 梦

智慧心语

三人行，必有我师焉。则其善者而从之，其不善者而改之。

——孔子《论语》

懒于思索，不愿意钻研和深入理解，自满或满足于微不足道的知识，都是智力贫乏的原因。这种贫乏用一个词来称呼，就是"愚蠢"。

——高尔基

我们虽可以靠父母和亲戚的庇护而成长，倚赖兄弟和好友，因爱人而得到幸福，但是无论怎样，归根结底人类还是依赖自己。

——歌德

一个真认识自己的人，就没法不谦虚。谦虚使人的心缩小，像一个小石卵，虽然小，而极结实。结实才能诚实。 ——老舍

第七章

名嘴的扩音器效果

◦ 导读 ◦

　　毫无疑问，电视节目主持人是当今社会颇具影响力的人群之一。借助大众传媒的影响，主持人成为公众人物。他们的角色因此不同于普通人，而是集社会角色、媒介角色及个人角色于一体的特殊角色。选择了这一职业，不仅仅意味着选择了鲜花和掌声、财富和荣耀，更意味着选择了媒体和社会所赋予的责任。

■ 用电视和口红改变了世界

现在很多年轻人熟悉靳羽西，首先是作为企业家的她和她的化妆品王国——羽西品牌，或者是作为"环球小姐"中国赛区总裁。但是一直活跃在国际文化舞台上的她，之所以能够成为"让世界了解中国,让中国了解世界"的第一人，是因为她还是世界著名的电视节目主持人、制作人。多重身份的靳羽西,在她的人生舞台上,演绎着丰富多彩的传奇故事。

作为一名美籍华人电视节目主持人，她是一个善于把自己梦想与现实相结合,并以此征服世界的人。

在美国,她自己制作并主持的《看东方》电视节目引起轰动,使美国人改变了不少对中国的看法,并试着用一种理解的眼光欣赏东方。而在中国,由她亲自制作并主持的《世界各地》电视节目则成了人们茶余饭后所津津乐道的话题。一直到今天,她依旧保持着"童花头"和神采飞扬的笑脸,如今人们依然还记得那句香港味很浓的普通话"你好,我是靳羽西!"

靳羽西在经商期间,跑过很多地方,慢慢地,她发现美国人对东方,尤其是对古老的中国非常不了解,甚至还会有很多误解的地方。因此她常常与他们争辩,直到说的口干舌燥,对方还是依然不能理解。

通过这些亲身经历的事件之后,靳羽西便萌发了想要创办电视节目的想法,她想通过电视节目来让更多的美国人了解东方,尤其是了解中国文化。所以,在1978年,靳羽西制作和主持的电视栏目《看东方》从此进入美

国主流媒体和美国人的视野,并在美国公共电视网和发现频道播出后,好评如潮。

《看东方》是一档以介绍东方人文社会、风土人情、文化艺术等为主要内容的电视节目,靳羽西以她独特的主持风格,生动活泼的主持形式,还有包罗万象的节目内容,赢得了观众的喜爱,并使美国观众第一次详细而深刻的重新了解了中国。

但是在《看东方》成功光环的背后,有着靳羽西不为人知的艰辛和努力。

当初刚开始创办《看东方》的时候,由于企业界对她能否成功并没有把握,所以,靳羽西拿不到广告也拿不到赞助。但是靳羽西不仅是一个理想主义者,同时又是一个实干家,她信奉一句话,"我想拿出有生命力的作品,我就要用我的生命去干!"

因此,靳羽西用尽了多年来积攒下来的积蓄,最后几乎山穷水尽。在制作的过程中,无论什么事情,每一样都要亲自过问,平均每天呕心沥血的工作十五六个小时之久。靳羽西就是在这样一个艰苦的起点出发,而且接下来的每一步都非常认真,非常执着,终于让《看东方》得以在观众面前展现出来。

第一期《看东方》在播放之后所引起的轰动,让靳羽西知道,之前所有的付出,都是值得的。并且,在竞争激烈的美国娱乐界掀起了狂涛。从此以后的五年时间里,《看东方》通过 1200 个电视频道连续播放。

为此,《纽约时报》发表了评论,"很少有人能够把东西放两种不同文化融为一体,而靳羽西小姐却凭着她的智慧和风度做到了。"就连世界著名主持人迈克·华莱士都说,靳羽西的《看东方》给有线电视带来了从未有过的荣誉。

《看东方》的成功不仅仅是靳羽西在起点就耗费了很大精力的结果,还有她在制作主持过程中所付出的精力。

靳羽西认为很多介绍中国文化给外国的节目大都是以旅游纪录片的形式,而要想使自己的节目成为这类节目中的佼佼者,"主持人应该做足功课,不要走老路,面对困难要第一个去克服,要独辟蹊径。"

你好!我是主持人!

因此，当她在制作《看东方》时，他是第一个到黑龙江省哈尔滨市报道冰雕的外籍电视记者，同时是第一个将这些介绍给外国人的人。靳羽西回忆当时的经历时说道，"黑河寒冷刺骨的天气差点把我的鼻子都冻掉了。"

虽然气候条件非常恶劣，但是靳羽西认为这是值得的，因为节目播出时取得了非常热烈的反应，而她为此所付出的代价，已经成为了她作为主持人的工作中一个非常重要的经历。

当初美国电视节目中对亚洲文化的介绍是非常少的，而《看东方》的出现几乎填补了这样一个空白。刚开始的时候，《看东方》只是一个简单的访谈类节目，后来变成了主持人当"导游"，带领观众的视线走进中国、走进泰国、走进马来西亚等亚洲国家，感受丰富多元的亚洲文化。

让美国人了解中国，除了《看东方》，还有一件令靳羽西终生难忘的独具意义的事，那就是 1984 年的时候，受美国公众电视网(PBS)邀请，主持从中国现场直播的中华人民共和国 35 周年庆典。这也是第一次，美国同中央电视台合作。

当时离庆典还有 3 天的时候，美国公众电视网的制片人找到羽西说："羽西，我到现在才发现卫星传送过来的阅兵庆典中没有一句英文，我们无法转播。你能不能在幕后帮我们做一个解说？"

靳羽西听后说："我不愿意做幕后，我一定要做幕前。我是电视人，你怎么可以让我在后面解说呢？"

于是，靳羽西接下了这个庆典的主持工作，但是靳羽西为了这次庆典的准备工作，付出了让人难以置信的心血。其实当时的靳羽西只会讲广东话，连一句普通话都听不懂。但是，在仅有的三天时间里，她不停地学习。不仅要学习语言，还要学习其他知识，比如庆典阅兵式当中有一个海陆空的方阵，作为主持人的靳羽西就要知道了解很多细节。

当电视台把实况转播接收完之后，靳羽西立即投入紧张的工作。她首先把电视节目的中文解说词全部译成英语，然后剪辑、配音，并且寻找背景材料，补充、缩写成美国人感兴趣、能接受的解说词。

当纽约时间 10 月 1 日晚上 11 时转播开始时，她以亲切的语调，绘形绘

声地评述中国的历史和现状。把一个具体生动的中国展示给了美国观众。美国人第一次见识了中国的实力。一夜之间，靳羽西成为美国人的明星。

也是在这一次的国庆游行中，出现了"小平，您好"的标语，靳羽西非常感动，并在第一时间，把这条标语连同它背后的民主、人性的精神，一起传播到了美国观众的视野。这一次的直播节目在美国取得了很大的成功，也是通过这次节目，让中央电视台认识了靳羽西。

而靳羽西这个名字在中国渐渐被广大观众熟悉起来，是在这次庆典之后，中国政府邀请靳羽西制作《世界各地》节目，通过《世界各地》在央视的播出走进了中国人的视野，顿时有上亿的观众在每周末的时候准时守在电视机前，跟随者靳羽西的脚步一起去探寻着世界的丰富、奇妙和精彩。

《世界各地》与《看东方》一样，104集的《世界各地》也凝聚了靳羽西的心血，周游了25个国家。她为刚改革开放不久的中国，打开了一扇了解世界的窗，中国观众第一次如此详细的认识世界、了解西方。

《世界各地》系列节目主要以介绍各国的地理风光、文化艺术、科学技术、人民生活、风俗习惯、社会经济、历史遗产和知名人士等为内容。在《世界各地》里，会看到从纽约到东京，巴黎到伦敦，开罗的昨天和今天，泰国的人情与风情……

这样一档全新的介绍世界各地的节目一播出，不仅使观众大饱眼福，而且扩大了中国观众的眼界，增进了中国人民对世界各国情况的了解。

在《世界各地》播放之前，中国很少有人化妆或打扮自己，就连电视台的主持人都不用口红。然而在节目播放之后，有无数的女性都开始模仿着靳羽西梳童花头，抹口红，甚至开始模仿她活泼的说话方式。因为靳羽西一直是双语主持，所以节目还吸引了大量观众为看她的节目而学习英文。

靳羽西感慨道："每件事都是我自己的选择，没有人要我一定这样做。我的出发点不是为了钱财，只是要做对我的人生有意义的事。"靳羽西的确是做了件非常有意义的事情，她使中国人大开眼界，第一次真正看到而了解了外面的世界。

二十年后，靳羽西又带来了一个52集的节目叫《羽西看世界》。这个节目同样广受欢迎,它与《看东方》和《世界各地》所不同的是,这档节目是以专题访谈为主,配合多单元以介绍世界各地的知名人物。在《羽西看世界》中的人物,包括各行各业,比如,设计师瓦伦蒂诺,节奏布鲁斯歌唱家厄舍,女演员凯瑟琳·德纳夫,约旦女王诺尔,以及艺术家克里斯托等等。

靳羽西希望可以多元化地将多姿多彩的世界,活灵活现地展现给中国观众,让中国观众可以更进一步地了解世界。靳羽西凭借着她个人的风采和极致的亲和力,赢得了各行各异的名人尊重,同时她的热情和她的名望更是感染了很多受访的名人。

靳羽西认为,当时中国电视节目很少引人注目的原因是,制作人员没有做好足够多的研究。就比如靳羽西的《羽西看世界》,一个访谈节目看起来相对比较简单,仅仅是坐下来与嘉宾交谈。但是,事实上这是一个非常困难的工作。

因为当你要做一期节目之前,你得提前做很多的研究和准备,要整理好合适的信息,才能问出一些好的问题。靳羽西说,除了辛勤努力,与被采访人关系融洽,使得她能问一些其他主持人想不到的有趣问题。

靳羽西就这样用她的努力和付出,以她最真挚的表达和充足的功课,为中国观众展示了世界各地知名人士的生活状态。

靳羽西也会在做这些节目的同时,总结当时在中国电视行业中作为主持人的要求和应该具备的素质。

靳羽西说:"很多参加我的秀场的嘉宾与我就像真正的朋友,我认识他们,也非常了解他们的家庭。这使我能够得到一些有价值的第一手资料。"要是遇到一些她不熟悉的人,她就会调动她的资源和关系来挖出一些新的东西。

而就此,靳羽西总结说,中国的电视主持人应该培养更多的关系和资源。

例如,有一次她要做一期关于泰国前总理阿披实的采访,但是她与阿披实并不熟悉,而她所熟悉的与阿披实有关的人当中,就数阿披实的妹妹与阿披实最亲近。所以,靳羽西打电话给他的妹妹寻求帮助。这位政治家的妹

妹不仅帮助了靳羽西，还给她邮寄了一些家庭照片。

就这样，通过靳羽西的关系网和资源非常丰富，使得她可以更好更快的完成自己的采访任务。通过阿披实妹妹的帮忙，使靳羽西的这期采访变得"非常特别"！

靳羽西作为一名著名主持人，不仅通过电视节目第一次让美国观众了解中国，也通过电视节目让中国人第一次看到了世界。她用自己的力量通过媒体不断地告诉中国，国际化是怎么回事，也在用自己的力量告诉世界，古老的中国现在是什么样子。

靳羽西在《世界各地》播出后曾经说过："《世界各地》这种'视觉旅行'的节目样式，在改革开放的中国流行起来，成为人们了解外部世界的一个窗口。我知道，早期在中国担当跨文化桥梁的人并不多，我当时只有一个目的，就是想把中国和外国'连起来'，促进中国的改革开放。"

的确是这样的，靳羽西运用自己的语言天赋，和自己的才华，通过自己的努力，将中国和外国连接在了一起，让彼此更了解，更熟悉。靳羽西从《看东方》到《世界各地》，再到后来的《羽西看世界》，她让外国人了解了中国，又让中国人了解了世界。靳羽西在传媒行业中树立起了属于自己的丰碑，她所做出的贡献，不仅对于她自己有深远的意义，对中国，对世界，都有着一定的影响。

逐梦箴言

在靳羽西身上，始终体现一种健康、积极、乐观的精神，努力完成过程，豁达看待结局。她认为真正有意义的人生，是在创造的过程中体会的，她的灵感来自性格、好奇心和理解力。而正是因为她具有的这些精神，才使得她创造了如今的辉煌。

知识链接

纪录片

纪录片是以真实生活为创作素材，以真人真事为表现对象，并对其进行艺术的加工与展现，以展现真实为本质，并用真实引发人们思考的电影或电视艺术形式。纪录片的核心为真实。电影的诞生始于纪录片的创作。1895 年法国路易·卢米埃尔拍摄的《工厂的大门》《火车进站》等实验性的电影，都属于纪录片的性质。中国纪录电影的拍摄始于 19 世纪末和 20 世纪初，第一部是 1905 年的《定军山》。最早的一些镜头，包括清朝末年的社会风貌，八国联军入侵中国的片断和历史人物李鸿章等，是由外国摄影师拍摄的。纪录片又可以分为电影纪录片和电视纪录片。

我的未来不是梦

■ 名人也可以做主持

随着媒体行业的发展壮大，我们越来越发现，国内外各大电视台，掀起了一股聘请名人作为主持人的热浪。从传播学上来看，主持人所扮演的角色，正是一个传播者的角色。在传播的过程中，传播者的作用是非常强大的。

面对相同的受众对象，当所传播的内容相同，而传播者不同的时候，所产生的传播效果是不一样的。

2004年3月8日，凤凰卫视的单人脱口秀节目《李敖有话说》正式开播。这档谈话类节目从一开始就备受关注，原因很简单，节目主持人，正是大名鼎鼎的李敖！

李敖的身份有很多种，他是著名的思想家、自由主义大师、中国近代史学者、时事批评家，同时他又是台湾作家、历史学家、诗人。但唯独不是主持人。可是凤凰卫视肯花重金将其聘来独力主持《李敖有话说》，一定是有其原因的。

首先李敖是一位搞学问的神人，可以说，李敖不是某一领域的专家，而是很多领域中的专家。人到老年却依然斗志昂扬，所以他主持的节目，精彩便不言自明了。

而且，李敖是一位敢于讲真话，也善于讲真话的人。作为自由主义大师的李敖，一向宣扬言论自由。所以，李敖讲出来的话，观众一定喜欢听。

还有一点很重要，李敖虽然不是一位专业主持人，但是他有一个得天独厚的条件，他是众多"家"的同时，他还是一位演讲家。对于主持人来说，

普通话好是基本功,伶牙俐齿、能说会道是关键。

最重要的一点是,一定要说得吸引人,这就需要其他一些非常重要的个人能力了。李敖的文才、口才都非常好,并且,常常是语言犀利,一针见血。他的这种优势就在《李敖有话说》栏目中表现的淋漓尽致。

其实并不是只有凤凰卫视聘请名人做主持,国内外还有好多电视台都在竭尽全力招聘大腕明星主持人,来开辟吸引人的节目。

不仅一位身兼数职的大文学家可以做主持人,就连球星都可以做主持人。阿根廷有一档收视率最高的节目,叫做《10号之夜》,其主持人正是著名球星马拉多纳。这位足球史上伟大的球员,摇身一变,成了一名创下高收视率节目的主持人。

就连有"南美狂人"支撑的哥伦比亚门神伊基塔,都想要效仿马拉多纳,搞个类似《10号之夜》的节目。由此看来,马拉多纳的《10号之夜》是多么的成功。

而马拉多纳能够成为一名这么火爆节目的主持人,着实与他本身的名气分不开,但这也与马拉多纳的主持艺术息息相关。曾经那个语不惊人死不休的马拉多纳,已经把他的这种精神和聪明才智,发挥到了主持艺术当中。

正如李敖有资本变成一位主持人一样,马拉多纳也其优越的资本。马拉多纳的经历和名气实在太大,甚至盖过了他的采访对象。所以只要马拉多纳出面邀请,没有人能够拒绝,并且,还会引以为荣。

另一方面,马拉多纳的人生阅历是非常丰富的,所以,他总是能够找到与被采访者的共同点。当他在采访巴西的女主播舒莎时,是这样说的:"玛莲和科波拉很相似。我和你一样,信错了一个人。欢迎来到我的世界。"马拉多纳之所以这样说是因为,他和舒莎都有一个相同的经历,他们都被自己的经纪人背叛过。科波拉背叛了马拉多纳,而玛莲背叛了舒莎。

由此来看,马拉多纳还真是一位天生适合做主持人的。

除这两点之外,马拉多纳还是一个多才多艺的人。在第一期采访球星贝利时,马拉多纳将一把吉他递到了贝利的手里,说:"有一次我去巴西,你

正在弹吉他。今天他们说你准备唱一首歌，如果你唱一首歌，我就唱一支探戈。"

贝利听后只得顺从，而早有准备的马拉多纳高歌了一曲探戈后，技惊四座。而他在采访意大利女歌星卡拉时，还与她共同唱起了卡拉的代表曲目。马拉多纳的多才多艺在他主持节目期间，表现的非常精彩。

因为"明星主持人"有一定的"明星效应"，在受众的眼里，这些"明星主持"所传播的信息都应该是真实可靠，值得信任的。因而，观众们会选择相信，并且喜欢看。随着受众文化水平的不断提高，他们会对节目和主持人有更高的要求。而这些"明星主持"虽然已经是明星了，但更应该掌握一些主持专业的知识。同时，还应该培养一些主持人的能力素质。

不一定非要科班出身的人才可以做主持人，如果肯努力，肯学习，也一定能够成为一名出色的主持人。

逐梦箴言

人的能力必须通过主体的积极活动才能得到发展。能力是在人的活动中形成和发展起来的，一个人的能力水平与他从事活动的积极性成正比。充分发挥人的主观能动性，刻苦勤奋学习是能力发展的一个重要条件。

知识链接

李敖

字敖之，思想家，自由主义大师，中国近代史学者，时事批评家，台湾作家，历史学家，诗人。台湾无党派人士，曾任台湾"立法委员"。因其文笔犀利、批判色彩浓厚，嬉笑怒骂皆成文章，所以自诩为"中国白话文第一人"。有《北京法源寺》、《阳痿

美国》、《李敖有话说》、《红色11》等100多本著作,前后共有九十六本被禁,创下历史记录,被西方传媒追捧为"中国近代最杰出的批评家",《李敖大全集》是他大部分著作的合集。2005年9月访问中国内地,在北大、清华、复旦三所顶尖高校发表"金刚怒目、菩萨低眉、尼姑思凡"的系列演讲。

主持凤凰卫视脱口秀节目《李敖有话说》。

迭戈·阿曼多·马拉多纳

阿根廷前足球运动员,被认为是足球史上最优秀亦是最具争议的球员。马拉多纳是足球场上的"上帝",他注定是足球史上最伟大的球员。1986年马拉多纳凭借自己的杰出表现率领阿根廷队第二次获得世界杯冠军。2008年成为阿根廷队主教练。2010年,马拉多纳带领阿根廷国家男子足球队出征2010年南非世界杯。2010年7月28日,阿根廷足协宣布马拉多纳下课。随后迭戈·阿曼多·马拉多纳现在执教阿尔瓦斯尔足球俱乐部,2012年7月10日下课。主持《10号之夜》。

品牌效应

是指所有企业的每一种产品都应该追求市场的最大效用——需求数量 X 的最大化,以此为目的,树立起自己的品牌形象,以使人人尽知,以获人人喜爱,就像培养一个大明星一样培养自己产品的形象,就像明星们应该首先提高自身的素质一样提高自己产品的质量。

知识链接

我的未来不是梦

■ 成功需要有自己独特的个性

成功,是需要希望和奋斗相结合的,而奋斗的方式多种多样。每个人有每个人的成功之道,也有不同的成功经验。每个人对成功的理解是不一样的,而每一个人的成功都离不开智慧、天赋和性格。

但是,在如今竞争十分激烈的社会现实面前,有很多人在众多的成功经验中寻求差异、张扬个性,并运用自身独特的优势来彰显不同,从而求得生存,更进一步求得成功。

无论在哪个行业里,都存在这样的人和这样的想法。对于主持人来说,产生这种追求独特个性的想法,着实是有必要的。因为在主持行业里,对于主持人的要求和素质都是统一的,而想要成为超群绝伦的一枝独秀,那就一定要结合自身的特点,彰显独特的个性。

主持人的个性可以影响节目风格,还可能深化节目的内涵。所以,一名优秀的主持人,应该具有自己独特个性的主持风格和个人魅力。

湖南卫视的《天天向上》节目中,六个主持人虽然都共同主持一个节目,但他们都各自保持着自己的声调和风格,每个人的个性和主持风格都不相同。

"班长"汪涵机智幽默,在他的主持过程中,常常巧妙地把长沙话、湘潭话、株洲花等多种方言融入到自己的语言当中,形成自己独特的主持风格,并以此征服了观众;"副班长"欧弟,善于模仿,唱歌跳舞,他优秀的才艺和精湛的模仿秀表演常常是赢得观众的一片好评;钱枫善于表演和搞怪串场,

他以自己特有的养眼外形,再加上幽默的冷笑话,给电视观众一个邻家大男孩的印象;日本人矢野浩二,则点缀出了异域风情。

他们共同主持同一节目,却又尽展自己独特的个性。正因为他们各自独特的主持风格和个性魅力所在,才得到了观众的一片好评和喜欢。

李咏是当今中央电视台最活跃的娱乐节目主持人之一。在他的主持生涯中,经过自己的推敲、琢磨和努力,逐渐形成了自己独特的主持风格——机智、灵活、幽默、搞笑,并以此倾倒了亿万电视观众。而在如今的主持人队伍中,李咏绝对算一个有个性的"异类"。

有一次,在《非常6+1》节目中的电话连线环节,电话接通后,李咏即兴来了一段:"你好,我是电信公司的技术人员,我想测试一下你的线路是不是畅通。"对方沉默着没有回答。

李咏见对方沉默,赶紧变换招数:"现在我给你一个问题,如果你答对了,就会有奖品,准备好了吗?请问你,8与10之间的数字是几?"

"9!"对方立刻回答。

李咏喊道:"恭喜你答对了。"

可是对方还是沉默。

李咏见对方也不配合自己,只得开始做自我介绍:"喂,你好,我是……"可是还没等他话说完,对方马上说道:"中央电视台《非常6＋1》节目主持人李咏!"

"啊呀,听出来了?"

"早听出来了,你一说话就听出来了,我不出声是想看看你会搞什么鬼。"话音刚落,台下一阵大笑声。

李咏问,"为什么呀?"

"都是被女朋友逼的!她老拿我跟你作比较,说你才是她的偶像,所以我特希望跟你通个电话,能沾上你的一点仙气。"如此回答后,台下又是一阵大笑声。

李咏听后眉飞色舞,问道:"请问一下啊,你女朋友怎么拿你和我作比较?"

我的未来不是梦

只听电话那头说，"我女朋友老说我长得丑，不像李咏你这样，虽然丑，但是丑得有特点……"

李咏的装腔作势、装模作样，都可以成为他主持的特色和风格，而且都能让观众从中看到他的搞笑和真性情。这也是他保持观众情绪、调动观众情绪的一种方式和手段。有故意装腔作势的冒充，有被识破后的不好意思，有被开涮后的无奈，这样的表现或许开头的冒充是事先的策划，但后面的反应基本上都是一种本能的真实反应。这样的反应也让观众感觉到了主持人的率真诙谐，也能让现场气氛更加热烈起来。

一个主持人，根据节目的需要，适当的调整自己的主持风格，并在调整的过程中逐渐形成一个属于自己特有的主持风格，是很有必要也非常有意义的。

一个富有个性魅力的主持人，是一档好节目长期保持有生命力的重要原因，是一家电视台的门面，是广大观众心目中喜爱的偶像。展现主持人各自的独特魅力，不但是节目本身的追求，也是时代提出的要求。

逐梦箴言

每个人都有着与别人不一样的个性。要想成功，必须走出自己的路来，老是跟在别人后面，你永远不能出类拔萃。如今的世界，人们的思想观念也发生了翻天覆地的变化，千篇一律的观点、做法已逐渐被人们所摒弃，而不同凡响的个性，越来越受到大家的欣赏与认同。当然，这种"不同凡响"不是一味地标新立异，而是有内涵有价值的"与众不同"。说到底，成功者都是有其个性的。因此，要想在当今社会生存，要想使自己的人生闪耀光彩，就要为未来设计一条属于自己走的路，展示你不同凡响的个性，找到成功的奥秘。

主持人也是这样的，要找到适合自己的风格，并创造出自己所独有的主持特点。这样，才能在电视节目中大放异彩。

知识链接

天天兄弟

天天兄弟是脱口秀节目《天天向上》主持群的代称。由汪涵、欧弟、田源、钱枫、俞灏明、矢野浩二、金恩圣(小五)七位组成。

李咏

中央电视台著名节目主持人，新疆乌鲁木齐人。主持节目有《幸运52》、《非常5+1》、《梦想中国》、《咏乐汇》等，曾多次主持中央电视台的春节联欢晚会。1968年生于新疆，1987年考上北京广播学院播音系，1991年进入中央电视台做编导。1996年任专题片编导，并担任纪录片《香港沧桑》的解说。1998年开始出任综艺节目主持人，同年开始主持《幸运52》。2004年担任《梦想中国》总设计师，目前兼任《非常6+1》节目主持。2008年《幸运52》停播，同年《咏乐汇》开播。2009年出版了自传《咏远有李》。

● 智慧心语 ●

要不是我自己为自己建立纪念碑，这纪念碑，它从何而来？

——歌德

在一个崇高的目标支持下，不停地工作，即使慢，也一定会获得成功。

——爱因斯坦

每个人都有他的隐藏的精华，和任何别人的精华不同，它使人具有自己的气味。

——罗曼·罗兰

我们应当说真话，因为这是我们的力量所在。

——列宁

第八章

声音创造价值

◎导读◎

　　播音主持,是一门非常讲究语言艺术的工作,无论是广播,还是电视,都离不开有声语言的魅力。随着现代大众传媒的发展,电视节目主持人已经成为电视台实力和传媒文化影响力的重要载体。而随着华语电视节目在全世界的广泛传播发展,节目主持人也以其各具特色的风格传递着华人传媒文化的独特魅力。主持人的形象对于媒体、乃至整个社会的大众传播文化具有不可低估的价值,主持品牌建设也已成为传媒娱乐产业发展的重要战略。特别是在传媒事业空前发展的今天,电视节目主持人已然成为影响社会公众文化心理的一支关键力量。正是基于以上的价值定位,在上海电视节期间推出了这样一场集中展示主持人风采的大型盛典,通过发挥主持人积极的社会影响力,营造健康向上的荧屏娱乐文化氛围,引导高尚的电视娱乐文化。

■ 通过《新闻联播》走进每一个家庭

　　说到罗京,他的声音就会立刻在记忆中浮现出来,响彻心扉。这位著名的央视新闻联播主持人,将他的一生奉献给了主持事业。当他病逝的消息一经传出,各大媒体纷纷哀悼,并在不同的层面,都以"失去了一个时代的声音"为标题来表达哀痛之心。

　　罗京,对于中国的亿万电视观众来说,应该说是一位既陌生而又熟悉的人,一位曾经每天晚上都会准时和大家见面的"老朋友"。他给观众留下的印象一直都是冷静而又庄重的,并且以他浑厚的嗓音和专业的播报赢得了观众的喜爱,并得到了"首席国嘴"的称号。他的声音伴随了几代人的成长,慢慢地,罗京这个名字,已然成为了一个符号,一个象征着《新闻联播》的符号,甚至说是一个中国电视的符号。

　　对于播音主持这个行业来说,罗京所创造的职业标准,他所具备的特质,是值得后辈们认真揣摩学习的。他作为一位电视节目主持人,已经非常出色的完成了他所肩负的使命和责任,在《新闻联播》,甚至是中国电视的历史上,罗京都会是一个非常重要的标志性人物。

　　罗京的声音传遍万家,20多年来,他都是以相同的声音、不变的语气,讲述着国家最重要的事情。我们通过声音和屏幕形象熟悉罗京,也是通过声音开始敬重他,同样是通过声音渐渐地了解到他对待工作坚韧不拔的精神。

　　我们通过几个故事来总结一下罗京老师是怎样用他的声音创造出永恒价值的。也来看一下,罗京老师的逝世,为什么会举国震惊。

我的未来不是梦

1979年的时候，改革开放刚刚开始，当时的罗京还是一名高二的理科生，那个时候他对未来的想法还是十分简单的，他觉得只要能考上大学，有书念就挺好。但是一个非常偶然的机会，改变了罗京的一生。

一位同学找到罗京，希望他能一同去考北京广播学院。在这之前，理科生的罗京从来没有考虑过要考北京广播学院，但是经好友一再央求之后，罗京决定去试一试。

罗京一直没弄明白这样的考试应该怎么考，直到考试的前一天，罗京还问同学该怎么考，同学说，大概就是念一篇文章吧。罗京听后，在考试当天，随手就拿起一份报纸走进了考场。

非常有趣的是，无心插柳柳成荫，招生老师一眼就相中了罗京的形象，清秀而又端庄。还有他清脆又悦耳的嗓音也给招生老师留下了深刻的印象。

结果只有罗京考上了，而罗京的那位同学却遗憾落选了。

由于罗京一直认为自己的优势是在理科上，因此对于这次突如其来的考试并没有任何的准备和负担，而是完全凭借着非常放松的心情来完成这次考试的。正是由于他的这种放松的状态才能充分的表现出他所拥有的良好的综合素质，使他的临场发挥夺得了招生老师的赏识。

当我们无法改变这个世界的外在因素时，我们可以改变自己的内心世界，努力使自己保持一颗轻松愉悦的心理状态。只要有一个好的心态，才能表现出最真实的自己。罗京以他放松的心态，呈现了一个最真实的自己，并以清脆悦耳的嗓音赢得了招生老师的青睐，让他对自己的未来有了另一种新的认识，也让他有了另一种人生。

对于播音员或主持人在电视屏幕上的形象，都是非常重视的，尤其是像罗京这样做新闻的播音员来说，形象更为重要，有两个故事就说明了新闻播音员的形象要求是非常严格的。

罗京作为央视《新闻联播》的播音员，20多年来一直坚守在这个重要岗位上，被尊称为"国脸"、"国嘴"，在中国的播音主持行业里占有非常重要的地位。他的完美形象，他的磁性声音，早已深入人心。

如今，热爱他的广大观众再也不能从《新闻联播》中看到他的形象，听

到他的声音,无疑深感悲痛。要知道,《新闻联播》对老百姓的影响力太大了。

有的观众说从来没有在电视机前看到罗京激动过,甚至是笑过。有些人会问:"罗京,你会笑吗?"罗京笑着说,"是摄像机不准我笑啊!"

虽然罗京平时给观众的感觉特别严肃庄重,但其实罗京是会笑的,而且,他非常乐意让观众朋友们能够看到他的笑容。

曾经在一个节目中,罗京为大家唱了一首《千里之外》。一曲过后,很多人都笑了,因为他们在这首歌中发现了,其实罗京和大家一样,都是平凡的人,也会唱流行歌曲,也会笑。

从此,罗京在观众心中的形象也有了变化,变得更加形象了,也更加立体了。

罗京曾说,"我在电视屏幕上不是代表我个人,它代表的是党和国家,或者说代表着我们观众,因此,你的责任是要把激动、忧伤,用语言感染别人,但是自己要保持的一份清醒,你不能失控,你还要完成自己的工作。所以我们对任何的事情的处理一定不能够失控,一定要在清醒的状态下进行。"

不仅仅是这样,因为一个新闻节目的主持人需要保持严肃、庄重和沉稳的形象,所以罗京就连剪头发这一生活中非常平凡的事情,都要经过中央电视台台长的批准。

罗京介绍说:"《新闻联播》的主播大多数时候都是穿着西装,就连颜色也没什么变化,包括发型都保持一样。"

有一次,罗京觉得自己的头发长了,就跟台长说,"我得剪头发,灯光师看了我的头发害怕,怕把灯打穿了,出来影子要扣钱的。我是为灯光师剪头发。"

但是台长不同意,并且说。"你剪完了头发,大家就不认识你了。"

没办法,罗京只有把这份好心藏到肚子里了。

节目的形式决定了主持人的风格。罗京所主持的《新闻联播》就决定了罗京就应该正襟危坐。而为了塑造新闻主播的可信度,主持人的形象要求是非常严格的。所以,罗京就用他多年不变的声音诠释着他对工作的认

我的未来不是梦

真态度，不仅让观众认可，也让同行业的同事们赞赏。从此，他的声音在大家的心中得到了永驻。

罗京不仅在形象上如此严格，他的工作态度也非常认真。罗京的一生都是十分敬业的，20多年来，他一直坚守在《新闻联播》这个重要岗位上。

2008年奥运会的前夕，罗京在体检中查出患有淋巴肿瘤，但是由于奥运会直播的工作非常繁重，罗京不得不参与奥运直播报道。8月31日那天，他坚持主持完当天的《新闻联播》后，才开始赴北京肿瘤医院接受治疗。

正因为他对待工作有一丝不苟、呕心沥血的精神，才换回一个工作奇迹，那就是在他26年的主持生涯中，他的差错率为零。这样一个非常光荣的荣誉，得来的非常不容易！

仔细想来，罗京创造的这个奇迹，虽然非常艰难，但也不至于难于上青天。因为，罗京之所以能做到这样，完全凭借了他认真的工作态度。

古人云：天道酬勤。又说：业精于勤荒于嬉。如果要创造出像罗京这样的工作奇迹，非要说其中的奥妙和诀窍，那一定是包含着勤奋、刻苦、坚韧、执著的敬业精神。

1997年2月邓小平逝世时的讣告非常急，当时，在第二天《新闻联播》即将播出的时候，稿子才交到了罗京的手里，然而那个时候，他已经没有先将稿子浏览一遍的时间了。而那份讣告和告全党、全军、全国各族人民书的字数大概在4000字左右，将它们播完需要20多分钟的时间。

当时，站在导播室旁边的台内外主要领导，几乎都是屏住呼吸，全神贯注的非常紧张的看着监视器，生怕有一丝一毫的错误。而罗京，一气呵成，没有出现任何差错，甚至连语气上特别微小的差错都没有。

罗京在前一天晚上10点接到任务之后，一直到第二天《新闻联播》播出时，他都一直坚守在直播台上，连续工作了48个小时。

罗京的这种工作精神，构成了他不出差错的根本原因。主持人康辉在接受采访时说到一个现象，说在罗京的座位下边，放着一本已经被翻烂了的最新版的《现代汉语词典》，边工作边学习是罗京最好的一个习惯。

罗京的敬业精神，着实令人钦佩。而他的敬业精神，都是经过他的声

音所传达出来和表现出来的。我们从他的声音中认识他,熟悉他,最终认可他,敬重他。

在20多年来的播报工作中,罗京和搭档们遇到过无数次"险情",但罗京都可以从容应对,并一一解决。良好的心态和职业素质,造就了罗京的声音价值。

在直播的时候需要大家保持安静,有一次,罗京正在直播室播报新闻,在直播室外面的走廊上,台里的领导焦急地走来走去,并且喊到:"稿子呢?稿子送来了没有?"然后就看见一个记者,手中拿着刚刚从传真上面撕下来的纸,飞奔进了演播室。

记者悄悄地蹲下身子,把一张画满了修改符号的纸送到了罗京的播报台前。当时所有领导都在外面静静的看着,生怕播报这条新闻的时候出现什么差错。但是罗京没有皱一下眉头,也没有流一滴汗,非常镇静地把陆续送来的17页半的纸张,一字不差的读完。

还有一次,李瑞英和罗京就遇到过的一次"险情"。那一次,有一条非常重要的新闻,在开播后稿件才送到演播室,并且要求主播无间断的口播15分钟。当时李瑞英是藏在主播台的下面,偷偷的给罗京一张一张递稿件,而罗京在看到稿件的同时必须立刻播报出来。

突然有一张稿件李瑞英怎么都找不到了,顿时心急如焚,满头大汗。就在罗京播完前一张稿件的最后几句时,李瑞英终于找到了。尽管保证了播出新闻的无差错,但下台后,两人都虚脱了。

在紧张的新闻播报工作中,往往要求主持人要有非常良好的心态和职业素质。罗京通过《新闻联播》走进了每一个家庭之中,通过他的声音得到了每一位观众的认可。虽然罗京已逝世,但他将永远地活在喜欢他的观众的心中。

无论是在《新闻联播》中,还是在中国电视的历史上,罗京都是一个标志性人物。他的专注和坚持,安静和沉稳,必将影响和塑造后来的价值坐标。而他通过自己的声音所创造出来的价值,是值得敬重他的观众们珍藏于心的!

我的未来不是梦

罗京是一位名人，但他更是一个普通人。罗京因为《新闻联播》而实现了他的人生价值，但就罗京本身而言，他的价值绝不仅仅在《新闻联播》，更重要的是一种精神，一种品质！

知识链接

罗京

出生于北京市，汉族，祖籍四川省彭县隆丰镇(今四川省彭州市丹景山镇)。罗京是中国共产党第十七次全国代表大会代表，中央电视台播音主持人队伍的领军人物，中央电视台《新闻联播》节目的主播之一，中央电视台播音主持人业务指导委员会副秘书长、新闻采编部播音组副组长，播音指导。据央视网报道 2009 年 6 月 5 日早 7 时 05 分，因淋巴癌休养的主持人罗京去世，死于淋巴癌扩散，年仅 48 岁。

■ 声音里的童年

"小朋友,小喇叭开始广播啦! 嗒滴嗒、嗒滴嗒、嗒嘀嗒—嗒—滴—"这是一个影响了几代人的一档面向儿童的广播节目的开始曲。1956 年 9 月 4 日, 第一个面向学龄前儿童的广播节目《小喇叭》走进了千家万户。《小喇叭》自第一声响起之后, 一直吹响了 50 年, 生生不息。其中, 孙敬修、康瑛、曹灿、徐文燕、王羽、晓澄、郑晶这些不同年代的《小喇叭》中的故事员、播音员、主持人成为了孩子们心中最闪亮的名字。

在早期的播音员中, 每个人的播音风格都不一样, "故事爷爷"孙敬修先生擅长讲民间故事, "故事姐姐", 后来的"故事奶奶"康瑛女士擅长讲生活故事, 曹灿先生则适合讲讲革命故事。他们用真挚的情感和精湛的播音技巧深深的吸引了几代儿童, 并陪伴他们度过了美好的童年时代。

和如今的孩子相比, 五六十年代的孩子所拥有的儿童读物着实非常少, 所以, 那个年代的孩子基本上都是从《小喇叭》中获得知识, 因此, 在那个年代《小喇叭》对于孩子的意义是非同寻常的。

当时对于很多孩子来说,《小喇叭》就好像是一块磁石一样深深地吸引着他们。有一个中国人民大学教师, 他家有三个孩子, 但由于家中没有收音机, 三个孩子每天都要跑到邻居家中去听《小喇叭》, 时间久了, 这位教师终于下了决心攒钱给孩子们买一台收音机。

有一次, 孩子们正在家中洗澡的时候, 突然广播中传出了"嗒嘀嗒、嗒嘀嗒……"小喇叭的序曲, 孩子们听后就好像触电了一般, 立刻从澡盆中跳

我的未来不是梦

了出来,光着身子围坐在收音机旁开始收听节目。这个简单的小细节给这位教师很大的触动,他曾多次给《小喇叭》写信称赞节目给孩子们带来了快乐。《小喇叭》让孩子们在知识的海洋中欢快的遨游。

因此,"故事爷爷"孙敬修先生、曹灿先生还有"故事奶奶"康瑛女士对于那时的孩子来说,既是非常尊敬的老师,又是非常喜爱的偶像。

《小喇叭》的工作人员会把童话、传说、故事和各种知识经过加工、改编让四五岁的孩子们感兴趣,这对于当时都是成年人的编辑们来说并不是一件简单的事。除了讲故事,《小喇叭》还有儿歌和童谣。

比如,"我在马路边拣到一分钱,把它交到警察叔叔手里边",这首名叫《一分钱》的儿歌经《小喇叭》原创并广播后,传遍全中国、并传唱了几十年。几十年间,类似这样的由《小喇叭》组织录音、播放并流传全国的少儿歌曲有 500 多首。至于童谣,很多孩子是通过《小喇叭》第一次听到《马兰花》这些传统童谣的。

作为主播之一的"故事爷爷"孙敬修先生,以慈祥、耐心、风趣的形象出现在电波当中。

他拥有世界上年龄最小的崇拜者,他也是一家里老少三代人共同的偶像,从 1932 年第一个故事"狼来了"开始,五十多年间故事爷爷孙敬修让几代人从他的故事里认识和感受真善美,他是中央人民广播电台《小喇叭》栏目最鲜明的标志,他也是无数人脑海中记忆里抹不去的童年印记。在孩子们心目中,他不但是所有小朋友们共同的"爷爷",而且,也是他们值得信赖的大朋友。

1956 年《小喇叭》开播的时候,已经 55 岁的孙敬修先生被邀请到电台为少年儿童讲故事,已经是一位名副其实的"故事爷爷"通过声音和孩子们交流,给孩子们讲故事,让孩子们知道了孙悟空、神笔马良、孔融让梨等等无数的中外民间故事和歌谣。

孙敬修先生在节目中,通过讲故事的方式,向孩子们传授了一些最基本的思想道德教育,在孩子们幼小的心底,建立了最初的善恶观。他用最简单的讲故事形式,独创了儿童启蒙教育的方法。

有听众这样描写听孙敬修先生讲故事的感受。"听孙敬修老爷爷讲故事,那是我最盼望的事情了。孙敬修老爷爷讲故事时绘声绘色的语调、语速,那可真有一种非凡的吸引力,特别适合小朋友们听。而且随着故事情节的发展,你会自然而然地跟着孙敬修老爷爷一起,将自己也融进了故事中,不知不觉地就受到了教育和启蒙。现在想起来,那可真是一种享受啊!"

当然,除了"孙敬修爷爷讲故事",《小喇叭》还有"小叮当信箱""万事通姐姐""说说唱唱"等等在孩子们心中影响很大的栏目。许多家喻户晓的童谣,正是通过"小喇叭"的电波传遍大江南北的。

1960年3月,《小喇叭》开办了听众信箱的栏目,每个星期天都由小木偶"小叮当"和"邮递员叔叔"共同主持,来为小听众们服务。小朋友可以给《小喇叭》写信,把自己编的故事告诉《小喇叭》,然后通过《小喇叭》讲给全国的小朋友听。当然也可以点播自己喜欢的节目、歌曲、故事。

其中小叮当的开场,"我是小木偶,名字就叫-小-叮-当!我是小叮当,工作特别忙,小朋友来信我全管,我给小喇叭开信箱!"这是由康瑛女士录制的,而另一段邮递员叔叔的开场,"叮叮当,叮叮当,自行车也会把歌唱,我是人民的邮递员,我给小喇叭送信忙!"是由曹灿录制的。

康瑛女士是新中国培养出的第一代深受少年儿童喜爱的故事播音员,对于广大的少年儿童产生了非常大的影响。她在播音的岗位上为少年儿童勤奋工作了几十年,出色地完成了各项演播任务。

康瑛女士一生都非常热爱孩子,热爱她的广播事业。几十年来,康瑛女士一直都保持着一颗淳朴的童心,非常刻苦地为少年儿童工作着。她在面对工作的时候是非常专注并勤于专研的,为了能够给孩子们讲出更好的故事,她常常研究故事的情感变化和儿童的语气。不仅如此,她还常常深入到幼儿园和学校中,把故事直接讲给孩子们听,然后再根据孩子们的反响,进行必要的修改,因此,她越来越熟识对孩子们讲故事的各种方法。

经过多年的工作实践和不断地研究,最终形成了她特有的亲切、自然、优美而又恬静的播音风格,并逐渐成为了孩子们非常喜爱的好朋友。在几十年的工作中,她为几代儿童讲了数不胜数的故事,塑造了无数的童话形象。

其中，她在《小喇叭》中扮演的"小叮当"角色，是历史最长的，也是影响最大的。这个角色成为亿万小听众心目中神秘而又亲切的广播形象。她克服了非常多的困难，奉献出了自己毕生的才华，并为我们永远留下了优美的声音。

康瑛女士说，"我真是对小叮当倾注了全部的感情。我非常爱这个节目。那时，我不管遇到什么不愉快的事情，心情有多么不好，只要一当上小叮当，情绪就立刻变得非常愉快。"

据康瑛女士说，小叮当的角色录音是最花费功夫的。当时录制《小喇叭》的时候，康瑛的住处离中央台非常远，但是为了录好小叮当，她总是提前上班，从来不迟到。为了追求完美，康瑛女士常常是录完一遍不成功的话，再录第二遍、第三遍、第四遍，一直录到达到质量的要求为止。

康瑛女士在《小喇叭》中不仅和"故事爷爷"孙敬修一起讲故事，还教小朋友儿歌，这些儿歌对小朋友所产生的影响非同一般。小朋友真心将《小喇叭》中的播音员们当成了良师益友。

有一次，康瑛女士在《小喇叭》里教了一首儿歌，名叫《吃饭不挑菜》。节目播出不久，她收到了一位小朋友的来信，信中说她以前有挑菜吃的坏习惯，自从听了康瑛老师播出的儿歌《吃饭不挑菜》，她就再也不挑菜了，身体也强壮了起来。后来这孩子上了学，取得了好成绩，还向康瑛老师报喜呢。

《小喇叭》第一批播音员除了上面的两位老师，还有一位故事大王"曹灿叔叔"，他在节目中为孩子播讲了几百个故事，深受孩子们的欢迎，"曹灿叔叔"这个特有的称号已被两代人所接受。他善于运用自己的嗓音特点，并运用演员的职业特长把朗诵和传统评书结合起来，创造出自己的播音风格。在他播讲小说时，口语亲切，节奏鲜明，拟人状物，绘声绘色。

有很多人看见曹灿时，都会说上一句"我们都是听着您的故事长大的"。是这样的，曹灿和孙敬修先生、康瑛女士一样，通过《小喇叭》影响了不仅仅是一代人。

在那个过去的年代，有多少孩子是把耳朵贴在收音机上，全神贯注地听"曹灿叔叔"讲故事，等这些孩子长大之后做了父亲母亲，它们的孩子又

继续听着"曹灿叔叔"讲故事，从此，听众们永远把他定格为"曹灿叔叔"，而如今应该是曹灿爷爷的曹灿先生，还依然如"叔叔"般年轻。

曹灿先生的声音，通过无线电波，传入孩子们的耳朵中。曹灿除了作为一个演员的职业以外，最重要的就是播音员，他一直置身于声音的艺术，讲故事、播小说，都在中国的播音史上有着深远的意义。

在曹灿先生做《小喇叭》播音员期间，经常会收到小听众们的来信，曹灿总是能在信中看到他对孩子们的影响。有一位11岁的小女孩儿在信中说："曹灿叔叔，我特别爱听您讲故事，您长得是什么样子呢？我想长大了和您一样，做个优秀的播音员……"

还有一位三年级的小男孩儿，用尽量通顺的语句一笔一划给他写道："敬爱的曹灿叔叔，您那'油腔滑调'的声音、'装腔作势'的表情深深地打动着我……"

每当曹灿想起这些，脸上就堆满了笑容。虽然有些孩子用词不当，但是他知道，这封信是从一颗颗天真可爱的童心那里寄过来的，是对曹灿叔叔的敬仰和喜爱。

在那样一个传媒行业非常不发达的年代，在那个可供小朋友们学习知识的书本非常少的年代，《小喇叭》应运而生了，经过几十年的沉淀，《小喇叭》已经播出了成千上万的故事和歌谣，是岁月将《小喇叭》变成故事的宝藏和歌谣的摇篮。《小喇叭》汇聚了中国少年儿童文学创作最优秀的一批人才，拥有着属于自己的经典。

《小喇叭》有着一种风格非常独特的语言，同时，小喇叭故事不是一种纯粹的文学形式，而是通过语言表达出来的一种充满生机的，亲切的，流畅的美的享受。

对于听故事的渴望是人类所共通的，每个民族都有自己的故事传统。"小喇叭"故事，可以从最有价值的一面去为孩子塑造一片精神世界。而《小喇叭》的播音员们，是奉献了自己的一生，来完成对孩子们的启蒙教育。

我的未来不是梦

逐梦箴言

中央人民广播电台再次腾飞的《小喇叭》将继续发挥文化传承功能。通过《小喇叭》栏目，不断解放和发展广播影视生产力、为传承与弘扬民族传统文化、构建社会主义和谐社会贡献力量。《小喇叭》项目是中央人民广播电台文化体制改革的一次具体实践。

知识链接

孙敬修

北京人，中国著名儿童教育家、讲故事专家。1921年毕业于京兆师范学校。曾任北京汇文第一小学教师。中华人民共和国成立后，任北京市少年宫辅导员。1980年加入中国共产党。1987年获"全国热爱儿童荣誉奖"。孙敬修长期悉心钻研儿童心理及儿童语言，在学校、中央人民广播电台给儿童少年讲了几十年故事，被孩子们称作"故事爷爷"。著有《怎样给孩子讲故事》、《故事爷爷讲的故事》，出版有《孙敬修演讲故事大全》等。

康瑛

新中国培养的第一代深受少年儿童喜爱的故事演播员，被孩子们亲切地称为"故事老师"、"故事阿姨"、"故事奶奶"。中央人民广播电台《小喇叭》节目的著名栏目木偶形象"小叮当"的扮演者之一。

■ 主持人也可以真诚的感动

《艺术人生》访问倪萍的时候,节目开始主持人用这样一段话来总结倪萍。

"倪萍不是第一个在屏幕上落泪的主持人,却是落泪最多的;倪萍也不是最能煽情的主持人,却是最能打动人心的。她让所有的人明白,主持人也可以感动,主持人也可以伤心,主持人也是人。虽然有人说她眼泪流个不停,有人说她煽情没有止境.可是如果没有倪萍的真诚的眼泪,中国电视不会具有那样温暖人心的力量。怀念倪萍的真实,怀念倪萍的诚挚,广大观众希望能够与倪萍同流泪共感动。"

这段话最能总结倪萍,同样,也最能说明声音的艺术价值在主持人这一职业中的重要性。在不同的年龄阶段里,有不同性格的人;在不同的事件里,人物也会有不同的心情。而主持人在主持节目的时候,都应随着不同的情境和不同的事件,用不同的声音来表达出来。

作为主持人,当他在主持的岗位上时,他不仅仅是在完成他的工作,更重要的是,他要用他的声音艺术向观众传达信息,并与观众交流。当要表达令人激动的事件时,话语往往也是比较紧张高昂的;当要表达令人悲痛的事件时,话语往往也无精打采,语调低沉。而倪萍正是用她的声音艺术传递着人世间的真诚与感动。

在 1991 年春晚的舞台上,赵忠祥身边多了一位亲切而大方的女主持人,她就是倪萍。倪萍的这一次主持,给了观众一次全新的感受。倪萍的

我的未来不是梦

主持生涯以大气机敏著称,同时在她身上有着强烈的亲和性,倪萍是一个感情丰富的主持人。因此荧屏上的倪萍总好激动,当情感非常浓郁的时候,倪萍就会不由自主流出真诚的眼泪。这时,"煽情"再也不是做作之事,而是成为了一种情感魅力。

在 1995 年春节,倪萍依旧是用她的真诚做着声音的表演。"春节,确实是我们中华民族最盛大的节日了,说起我们这个古老的民族,您一定会想起黄河,我们的母亲河,黄河全长 5400 多公里,她奔流了 160 万年,但是从古至今,我们谁见过黄河的全貌呢? 今年的春节,黄河的"渡过"组委会给我们送来了不同寻常的礼物。大家跟我来看,俗话都说,天下黄河九十九道弯,您瞧,这九十九个瓶子里装的就是从黄河源头开始直至黄河入海口各个地段的黄河水样。非常有意思的是,您瞧,这源头的水就像天空一样,那么纯净,而到她的中段,这黄黄的颜色就像我们炎黄子孙的黄皮肤,而到她的尾部就像大海一样的蔚蓝,朋友们,我们要知道,这些水样的提取,不容易啊,因为它要在整个黄河的 1000 多个水文站,在同一天的同一时辰,同时提取。此时此刻,全世界的华夏儿女通过我们的电视屏幕第一次看到黄河水样的全貌,看到我们的母亲河。朋友们,现在走上舞台的是黄河两岸的送水人,请允许我把他们介绍给大家! "

倪萍用她那充沛的感情,调动着所有她能够调动起来的感性认知,向观众传递这信息。让我们从中感受到倪萍的亲和力。倪萍的主持风格不是设计好的,而是倪萍本身的性格特点,是她对事物的态度。

所以她才会给人们非常真实,质朴的感觉,正因为如此,倪萍作为主持人,她的声音表演才得到了观众的认可,也得到观众的喜爱,因为经她主持的节目都会让观众因为她真挚的声音表演所打动。

比如王军霞获欧文斯奖的那次春节晚会,倪萍要说的台词是"祖国人民应该感谢你",当她在说这句台词的时候,她说着说着就哭了。

有人问,你为什么激动啊?

倪萍在访谈中回忆说,其实就在 3 小时前,我和她一起吃盒饭的时候,还问她,你们练长跑的苦,除了绳子拉着你们训练之外,还有什么?

她说："跟你说吧，姐。"她管我叫姐，她把袜子脱了，十个脚指头上全都没有指甲，是十个粉红色的肉疙瘩……我当时就哭了，我说不能哭，不能哭，我都化好妆了，大春节的这是干嘛呀？后来主持到那儿的时候我就把头扭到一边了，但人的眼泪是越想控制越要流，因为当时只有我知道这个内情……

还有一次，倪萍做一期国防节目，当时有一个军嫂，她的丈夫在一个小岛上当兵，这位军嫂每年的八月十五都要去岛上一次。她每次去岛上的时候都是又唱歌又跳舞，但其实她根本就不会跳舞，只是为了让想家的战士高兴高兴。

结果，这位军嫂得了癌症，倪萍在做这期节目的时候，非常深情的说，"谁能救救她呀！"虽然只是简单的台词，但是倪萍用了她发自内心的真诚的声音将这句台词说出口。

倪萍的声音艺术完全来自与内心的真情实感，她完全将自己融合在当时的情境中，发自内心的感慨，发自内心的感动，所以，她那带着真情实感的台词，在观众听来，是那样的淳朴而感动。

有人说春晚如果没有了倪萍，总感觉少了些人情味。倪萍说，她是个很容易动情的人，正因如此，也更容易"煽情"。主持春晚十几载，她温暖亲切的形象已经深入人心。

逐梦箴言

真诚取决于一种处世态度，而并非语言本身。真诚是一种言语的表达，亦是一种行为，还是一种心情。真诚是行为的出发点，也是行为的目的。只要目的正确了，行为当然也是正确的。作为主持人更需要像倪萍那样，真诚地感动着。

知识链接

倪萍

　　山东荣城人，是一位在中国电视节目主持界和影视出版界都具有很高成就、地位和影响力的主持人、演员和作家。1979年进入山东艺术学院，从而走上了演员的道路。1990年进入中央电视台，成功主持了十三届春节联欢晚会和各种大型晚会，是迄今为止主持现场直播文艺晚会最多的中国女主持人。2002年回归电影界，与杨亚洲导演首次合作电影《美丽的大脚》，就拿下了中国电影金鸡奖最佳女主角。此后的几年间，主演的电影屡获国际大奖，其中包括蒙特利尔国级电影节最佳女演员。曾担任全国青年联合会常委和第九届、十届、十一届全国政协委员。

■ 赵忠祥和他的"动物世界"

随着传媒行业的发展壮大，人们不仅仅可以通过书本这种只局限于文字的方式来获取信息，而且可以通过电视媒体这种声像艺术形式来获取更多的、更生动的信息。对于广大观众来说，从电视媒体获取信息的最直接来源，便是主持人。

电视播音是一门声像艺术，在这里不仅要有图像和画面，更重要的是，一定要有声音。而播音员和主持人的声音，就显得尤为重要了。

赵忠祥意识到声音在电视节目中的重要性时，还是在他做电视新闻的时候。电视新闻的一个非常显著的特点，就是需要画面来承载内容。新闻发生的事件、人物都是可以通过画面来表现的，而发生的时间、地点和原因这些需要具体介绍的内容则需要播音员的参与。

有一次，赵忠祥要为一个新闻画面做配音。通常主持人在配音之前都是先看稿子，然后再看画面，这样就可以保证在哪个镜头出现的时候说什么样的话，也会知道什么地方用什么样的语气。

但是那一天，由于时间非常充分，赵忠祥想改变一下以往的习惯，没有看稿子而直接开始看画面。当他打开新闻画面的时候，首先看到的是一位领导人的半身镜头，随后画面转换，变成跟外宾交谈的镜头。

就这样，赵忠祥一个镜头接着一个镜头的看下去，当他全部都看完之后，自己也没弄明白这条新闻到底要说什么事情。一头雾水的赵忠祥开始看自己的稿子，刚看了两句就突然明白了，而刚才所看到的画面，也随着这

我的未来不是梦

153

两句话渐渐开始有了生命。

通过这件事，使赵忠祥悟出了一点：画面的生命力需要灵魂的支撑，而画面的灵魂，其实就是声音。当赵忠祥悟出了这一点时，他所主持《动物世界》时所创造的独特的解说风格，也就应运而生了。

根据节目的定位不同，在选择主持人的时候，考虑到的主持风格、主持人的气质也都有所不同。一个优秀的电视节目与一位优秀的主持人相配，才可相得益彰，大放异彩。

1980年12月31日，由赵忠祥主持的《动物世界》开播之后，赵忠祥成为了进入千家万户荧屏的"常客"，《动物世界》也从原来不为人看重，而且并没有多少观众的节目，变成了一个火遍大江南北的高收视率节目。

《动物世界》的成功不仅仅是因为这档节目可以让我们更加了解大千世界，更重要的是因为赵忠祥在幕后的精彩解说。赵忠祥在《动物世界》中的主持风格，是既亲切又细腻的。很多优秀的播音员都给人亲切的感觉，但各自的感受却不同。而赵忠祥的亲切细腻，是从他整个解说的意境中体现出来的。

赵忠祥的解说包含着一定的感情，贯穿着始终，这就形成了一种赵忠祥式的感情链条。从字面上来看，"感情链条"应该是无形的，但是从赵忠祥的解说中，却是一种无形和有形共存的。

为什么这样说呢？这是因为，我们可以从赵忠祥在《动物世界》里那饱含感情的声音中，听到他那节奏感非常强烈的解说。就好像我们在听到水流动时发出"哗啦啦"声音的同时，也可以看到小溪在欢快的流淌一般，赵忠祥的声音中所抒发的感情也跃然于眼前。

《动物世界》"世外桃源"一期，赵忠祥有一句解说词是这样说的，"经过风化的土地看起来与原来完全不同了。"一般按照常规的断句方法，播音员一定会在"经过风化的土地"后面停顿一下，再继续下面半句。但是赵忠祥的断句方法却截然不同，他是在"经过"后边拉了一个长音，然后把"风化的土地看起来"连起来读，并在此处做了一个词句的间歇，而声音持续，一直到后半句"与"开头，才换一口气继续下面的词组。

赵忠祥的这种表达方式,如果从字面上看,是违背正常语法的,但是在观众听起来的时候,却觉得非常舒畅,并饱含深情。他通过拉长声音来调动情绪,并以此突出了后面的意境。他用这种"字断声不断"的解说方式,将一个字面上看起来平淡无奇的场景描写表现得活灵活现,同时也创造了声音的美感。

赵忠祥通过《动物世界》,形成了自己独特的解说风格,这种声音上的美,不仅达到了一定的特殊效果,而且充分调动了观众的情绪,使观众很快地融入其中。赵忠祥的解说虽然流动性非常强,但并不失亲切细腻。

在《动物世界》"丛林霸主"一期中,赵忠祥并没有将狮子作为残忍的动物进行大肆谴责,而是通过对通篇解说词内容的整体把握,为观众描绘出了一个非常值得关心和同情的"另类"狮子。

"狮子需要捕食,如果它抓不到可以果腹的动物,就要忍饥挨饿,甚至丧失生命。"

赵忠祥的解说让观众们明白了一点,就是,在自然界中,没有绝对的强者和绝对的弱者,它们都必须按照正常规律来生活和拼搏。哪怕是森林中最凶悍的动物,也会因为饥饿而面临着生命危险。

赵忠祥在其解说中,将他对大自然的认识和对生态平衡的忧虑非常恰当地表达出来,这在无形中影响了广大观众,使大家对我们生存的环境提高了关注度。

还是在"丛林霸主"这一期中,赵忠祥有这样一段解说词:

几个星期没怎么吃东西了,饥饿使得年轻的雄狮受尽了煎熬。经历了几个星期的奔波之后,狮群再也走不动了。年轻的小雄狮一时忘记了眼前的烦恼,它的母亲则时刻都处在惊慌与不安之中。当狮群在阳光下休息的时候,入侵者在悄然逼近。年轻的雄狮还不明白这些叫声所表达的意图,但是雌狮知道,这是入侵者示威的叫声。狮群已经无力抵挡外来者的入侵了,但是雌狮们还没有最后放弃。年轻的雄狮用困惑的目光观察着发生的一切。

在这一段解说中,赵忠祥为了更客观、更全面的展示"丛林霸主"狮子的真实生活状态,将自己对自然界规律的思考融入解说。当他在解说年轻

雄狮因饥饿而无力前行的时候，他的声音中充满了淡淡的同情和一丝丝的忧虑，而没有一毫的厌恶之情。如此的解说，配上生动的画面，使得情感饱满的解说显得更加亲切而细腻了。

而他的这种细腻，不单单是因为融进了无尽的情感，还与他平日里刻苦的发声习惯分不开。赵忠祥为了营造一个非常静谧的大自然的环境，在为《动物世界》解说时的发声，就像在与观众们"耳语"一般。舍弃了有棱有角的抑扬顿挫，也舍弃了气壮山河的激情澎湃，观众们听到的，是温柔的声音、是轻声细语。

赵忠祥的这种声音，不会让观众因危险的画面而紧张，而是处于一种非常和谐的情境中，享受这种感觉，享受这种状态。这就是赵忠祥声音的魅力所在。

《动物世界》成就了赵忠祥，而赵忠祥也成就了《动物世界》。赵忠祥不仅为观众带来了听觉上的享受，更重要的是，丰富了人们的精神生活。随着《动物世界》收视率的提高，广大观众对自然界的认识也在不断提高。

当节目播出了十年之后，赵忠祥接到了一位农村教师的电话。他在电话里说："我们班上有一个学生搬家时捡了一只受伤的秃鹫，现在给调养好了，该把它往哪里送？"

赵忠祥当时听后将信将疑，心想，一个农民怎么会认识秃鹫呢？

尽管如此，他们还是派了一个摄影小组前往那位学生家中，果然有一只非常美丽的小秃鹫！

而且这位农民朋友非常淳朴，他跟村里的相亲们说："你们打了耗子给我们家送来，喂我们家这秃鹫，不要毒死的，要夹子夹的。"结果没有耗子，他就把家养的鸡杀了给秃鹫吃。其实他们家并不富裕，自己都不舍得吃鸡肉。

当摄制组送走秃鹫的时候，小学生的妈妈不禁流出眼泪，而那只秃鹫就好像有灵性一般，不解地从车窗里望着自己的恩人。

通过这几次与群众的交流，赵忠祥意识到，节目播出之后，对我们国家环境保护的意识，已经慢慢深入到观众朋友们的心里去了。如今的观众朋友，不

再像刚播出时只求务实,而没有思考过关于如何保护我们大自然的问题。

　　赵忠祥通过自己别具一格的主持风格把《动物世界》带进了人们的生活中,使观众朋友们的精神境界从一个层次提高到了另一个层次。人们听着赵忠祥那亲切而又细腻的声音,不仅得到了精神享受,同时得到了精神境界的提升。这就是传媒行业里主持人的声音创造的价值。

逐梦箴言

　　播音主持是一门极其讲究语言艺术的工作,播音员、主持人与受众之间通过有声语言和图像语言进行交流,其中有声语言占有最重要的地位,不论是广播,还是电视,都离不开有声语言。因此,作为播音员、主持人,在播音主持过程中,努力对播音作品进行再创作,是取得成功的关键。

知识链接

《动物世界》

　　中央电视台的《动物世界》栏目从 1981 年 12 月 31 日开播。主旨在于向电视观众介绍大自然中的种种动物,使观众足不出户就可以了解和认识地球上生存的各种生命,认识自然对人类的影响。1994 年,中央电视台的编委会提议,在《动物世界》的基础上,衍生出一个更符合世界环境与发展理念的杂志性专题的栏目——《人与自然》。

我的未来不是梦

智慧心语

做人要有人格，做官要有官德，做事要靠本事。

——郑培民

伟大的事业是根源于坚韧不断的工作，以全副精神去从事，不避艰苦。

——罗素

真正感动人的感情总是朴实无华的，它不出声，不张扬，埋得很深。

——周国平

语言是工具、武器，人们利用它来互相交际，交流思想，达到互相了解。

——斯大林

第九章

名嘴的主持方式

◦导读◦

　　现代社会是一个崇尚风格传播和个性传播的社会,只有那些个性独特、特色鲜明的主持人才会牵动观众的目光。电视节目主持人的个性包括其个人气质、思想情感、审美倾向、语言风格、主持状态等等,是其综合素质和人格魅力的集中体现。主持人与节目之间相辅相成,相得益彰,主持人的个性特质与节目定位的契合,可以使谈话节目增添更多的个性化色彩,同时主持人的优势和个性也可以伴随栏目的发展得到进一步发挥和释放。在媒体竞争如此激烈的今天,富有个性魅力的主持人是不可或缺的。

■ 幽默诙谐可以给人带来精神享受

　　查理·卓别林曾说："真诚地去笑吧，你将能够去除痛苦，并与痛苦嬉戏。"在我们的生活中，我们常常会因为别人的幽默而感到开心，并开怀大笑。紧张抑郁的情绪，也常常因为幽默而得到缓解。

　　　如今生活在繁重生活压力下的人们，越来越倾向于看能缓解情绪的电视节目。作为主持人，幽默诙谐的主持风格，便更能得到人们的青睐。幽默能使人减轻压力，感到放松，并且传播快乐。

　　央视著名主持人崔永元的主持，就给人一种朴实的、亲近的幽默感。崔永元式的幽默主持，总是给人一种解脱感，能让人们的心态渐渐变得平和起来。

　　在《小崔说事》里，崔永元的幽默总是让人感到非常舒服。在一期节目中，崔永元与中央电视台著名化妆师徐晶有一段对话：

　　崔永元：咱们中央电视台很多人第一次出镜的时候，都是您给他们化妆造型，化完了以后他们才有信心。我觉得如果他形象本身就比较好对您来说大概不困难，但您知道有的主持人长得"太难看"了，所以需要您化妆造型给他树立自信，我举个例子，比如水均益、敬一丹。

　　徐晶：人家都挺好的。

　　崔永元：那您化过谁不好？

　　徐晶：没有，我没说小崔不好。但是我觉得……

　　崔永元：是您处理过比较困难的问题。

徐晶：没有，反正我一看有点傻……

说到这里的时候，观众朋友们都忍不住笑了起来，而节目的气氛也显得非常轻松。

崔永元常常会用这种平易近人的谈话方式体现出他的幽默诙谐，这不仅能让观众感到非常惬意，同时，也顺势调节了整场节目的气氛。而且，崔永元经常在很平淡的一个谈话节目中，能制造出来一些亮点。他主持的《实话实说》节目，与别的谈话节目相比较来说，所具有的特色就在于崔永元会在《实话实说》节目中会频繁制造出不同程度的亮点。

而崔永元制造的这些亮点，可以不断地刺激观众，引起观众的注意，进而提高节目的收视率。崔永元的亮点最主要的就是他的幽默，有很多观众都非常喜欢看崔永元的节目，很大程度上都取决于崔永元幽默诙谐的主持风格。

在《唠叨"唠叨"》那一期节目中，崔永元和嘉宾有一段对话是这样的：

嘉宾：家庭生活是一本书，唠叨是其中的标点符号，绝对不可少，希望每个家庭都能善待它，那样一定天天都是好日子。

崔永元：有的书打开你会觉得标点符号比较多，作者就是那么写的。

话音刚落，观众一片笑声，崔永元的个性体现在了他的幽默诙谐上。他常常妙语连珠，可是却不庸俗。他的幽默可以调节节目气氛，控制节目节奏，还可以点明节目的主旨。

崔永元的主持给人一种朴实、亲近的崔永元式的幽默。而凤凰卫视窦文涛的幽默，则用一种调侃的方式来说出心中想说的话。他是在保持幽默调侃的前提下，根据节目的内容，使他的风格中透露出儒雅的气质。

尽管窦文涛的主持风格是以幽默调侃为主要风格，但在面对实事政治的问题时，他决不能不顾政治影响而游戏政治。以幽默调侃为主要风格特色的窦文涛在主持这类节目中把严谨性寓于幽默之中。

在整场节目的录制过程中，窦文涛不单单可以体现出思维的逻辑性和严密性以及广博的学识，同时，还表现出了他那略显儒雅性的幽默。

在2007年5月播出的《锵锵三人行 野蛮的西餐》中，窦文涛将这种带

有儒雅的幽默发挥得淋漓尽致。

嘉宾:外国人吃饭时餐具是很精致的……

窦文涛:西餐其实是很野蛮的,我最近发现,吃西餐是玩盘子,就像喝功夫茶是玩杯子,你想不就是拿个刀拿个叉跟那个野蛮民族当年割肉一样,但是仪式化了。

他在这一句话中,以一个玩字,非常好地体现出了他那略带些调侃味道的幽默感。

虽然崔永元和窦文涛两个人所依靠的媒体不同,个人的性格特点也有所不同,尽管他们分别有着自己各自的特点,但是经过细细品味,在他们的节目中,他们有着一定的共同点。

他们都会尽最大的努力在话题中挖掘出新闻性,在观众十分希望了解的事情上大做文章,并且,再加上一些浓厚的情感因素和幽默搞笑的手段,以此来增加节目的可看性,并且同时将节目做得轻松诙谐,有声有色。

两个人在节目中都拥有着一张坏笑的脸,时常可以从嘴中蹦出一些让人开怀一笑的幽默语言。这在如今主持人个性特质鲜明的时代里,能够让他们在节目中发挥更大的作用。同时,他们用自己的力量创造出的幽默诙谐的主持风格,得到了观众的认可,并为广大观众带来了精神世界的享受。

逐梦箴言

人人都喜欢和机智风趣、谈吐幽默的人交往,而不愿同动辄与人争吵,或郁郁寡欢、言语乏味的人来往。幽默,可以说是一块磁铁,以此吸引着大家;也可以说是一种润滑剂,使烦恼变为欢畅,使痛苦变成愉快,将尴尬转为融洽。

我的未来不是梦

■ 即兴主持，更具魅力

对于主持人来说，做一期录播的节目，要容易一些。因为录播的节目事先都会准备一些脚本，整场节目的录制也都是经过仔细推敲出来的。录不好的地方，完全可以重新录一遍。

然而在一些直播的节目中，就全然不同了，直播的过程中，会发生什么会遇到什么事，都是不可预知的，因此，在直播状态下即兴发挥自己的能力来主持一期节目或一场晚会，是非常重要的。

而主持人的即兴发挥，不仅仅是对节目的整体效果增加亮点，同时，也可以体现出主持人出色的个人风格，让自己的魅力得到充分的发挥。

央视主持人孙小梅就有一个即兴发挥的故事。有一次，她随同一个文艺演出团到台湾，被邀请临时担任一个综艺晚会的节目主持人。可是当她一上场的时候，却遭到了同台搭档主持人咄咄逼人的一幕：

搭档：啊，孙小梅，你跑到台湾来抢我的饭碗呀？

孙小梅听后非常差异，这并不是在意料之内会发生的事情。在一切都始料未及的情况下，孙小梅即兴与这位搭档主持来了一场对决。

孙小梅反问道：我怎么是来抢你饭碗啊？

搭档：你可是大陆中央电视台的大红人啦……

孙小梅听后，笑道：我抢不了你的饭碗，我是专门来帮你赚钱的。

搭档：什么？帮我赚钱？好哇，你说说怎么帮我赚钱？

孙小梅：你想一想，我们内地十几亿人民，台湾只有几千万，你说我是

中央电视台的"大红人"，我来同你主持节目，回去一播出，认识你的人多了，名气大了你不就可以赚更多的钱了吗？你要是知道好歹，就要好好谢我才对！

孙小梅即兴面对的一番话，不仅减弱了对方咄咄逼人的气势，更是为自己这等"遭遇"寻求了意外的现场效果。

孙小梅在面对这猝不及防的"攻势"时，敏锐地看穿了对方问题中所隐含的荒谬，而她却以静制动，即兴运用"仿答"作回应。她的即兴应对，恰到好处地在说笑中营造了和谐快乐的气氛，这也使她的主持风格得以体现，并以此展现了她的个人魅力。

所谓"仿答"就是根据对方的话语逻辑顺势推论，"推"出其不合理的"荒谬点"，再加以极度放大，然后用对方的话语方式给予回敬。

即兴主持最能体现主持人的个人能力，也最能展现个人风采。白岩松曾应邀到广州大学，与该校新闻传播系和历史系的同学们座谈。在此期间，他遇到了几位大学生的"挑战性"问题。而白岩松巧妙的来了一段即兴的应对，以此展现了他的个人能力和个人魅力。

学生：我看你有危机感，看起来冷冷的，这是为什么？

白岩松：我喜欢把每一天当成地球末日来过。话语刚落，响起掌声。

学生：你什么时候才会笑？

白岩松：会不会笑不重要，懂幽默才是重要的。

学生：有评论说，你个性木讷。

白岩松：所有评论是说我严肃，与木讷是两个不同的词。

学生：有一天你的缺点多于优点，怎么办？

白岩松：没有优点也没有缺点的主持人，连评论的机会都没有。我有缺点我觉得幸福，因为它是优点的一部分。

学生：你同意性格决定命运吗？

白岩松：我采访过四百多位成功人士，我同意"性格决定命运"。但性格不是与生俱来，自信是最重要的品质。

学生：我是学历史的，能当新闻节目主持人吗？

白岩松：今天的新闻就是明天的历史。

话音到此，观众一片掌声，同时也是一片笑声。

整场对话看下来，白岩松的即兴回答快捷而又富有气势。当他面对学生刁钻的提问时，他处理简洁，并且还带着一些哲理的色彩。白岩松坦率的应对，虽然是即兴的，但是，并不失含蓄和幽默，甚至有的时候，还会有一个轻松而诙谐的应答。

这种即兴的应对，便是白岩松"多元智能"的体现，他展现给观众的是一种良好的心理素质和文化素养的积淀。这样的即兴主持，也使白岩松更具魅力，也更让人尊敬了。

在遥远的美国，也有这样即兴主持的优秀主持人。就像奥斯卡娱乐主持人比利·克里斯托夫。这是一位充满魅力的美国主持人，他机智、幽默，随机应变，主持风格大方而得体，尤其是那仿佛即兴式的主持，更是充满了魅力。

已经主持了九次奥斯卡颁奖典礼的比利，在奥斯卡颁奖典礼上珠落玉盘的即兴主持，深得人心。

在2004年第76届奥斯卡颁奖典礼中，比利即兴设置了一个小环节。就是台上的大屏幕随即抓拍了台下几个嘉宾的特写画面，比利一边看着大屏幕，一边揶揄着被抓拍到的嘉宾。当屏幕上抓到了伊斯特·伍德的特写镜头时，比利立即开始了对他的调侃，他对这位老影星的衣着、表情即兴评价，引来了在场嘉宾的欢声笑语。

像这样即兴的表演，比利在奥斯卡颁奖典礼上，还有很多。在《泰坦尼克号》获得最佳服装奖项时，比利脱口而出："当然，这些衣服现在已经晾干了！"而在《指环王3》大肆攻城掠地时，比利又突发感慨："现在新西兰已经没有人还没被感谢过了。"

有一次是非常危险的一次，年迈的哈尔·罗奇被授予奥斯卡特别荣誉奖，可是麦克风却突然失灵了。比利及时救场："我想这对于罗奇先生来说是再合适不过的，因为他正是从无声电影开始进入电影圈的。"比利这一次即兴的随机应变，足以展现了他的机智和他的个人风采。

如今，随着电视节目内容的日新月异，节目中活跃的因素也越来越多了。对于节目中一些环节的设定，需要主持人根据节目的定位而做出相应的生动得体的即兴发挥，从而强化主题，烘托气氛。主持人的即兴主持，已经渐渐地成为主持人一种能力的体现，同时，也是展现主持人个性魅力的一种方式。

逐梦箴言

一切适应性言语或行为都可称之为"应对"，节目主持人在富有变化的话语情境中，敏锐地相时而动，既处于敏捷又妙语连珠。即兴主持在很大程度上是对"有所准备"却又充满未知的事或问题进行灵活、有力的把握和延续，对节目的整体把握能力要强，有现场控制能力，根据所处环境氛围即兴说话和串接。

知识链接

孙小梅

中央电视台著名节目主持人。1989 年，进入中央电视台，主持《下周荧屏》、《节目预告》等栏目。期间，客串主持《天地之间》、《旋转舞台》、《动画城》、《音画时尚》、《荧屏诗坛》等栏目，以及台内外重大活动。

白岩松

中央电视台著名主持人，中央电视台新闻评论员，任《焦点访谈》、《新闻周刊》、《感动中国》等节目主持人，2000 年被授予"中国十大杰出青年"。1968 年 8 月 20 日出生于内蒙古自治区呼伦贝尔市海拉尔区，1979 年就读于海拉尔第二中学；1985

年考入北京广播学院新闻系，1989 年分配至中央人民广播电台《中国广播报》工作，1993 年初（3 月份）经崔永元推荐 进入中央电视台《东方时空》，后正式任中央电视台新闻评论部主持人至今。曾获"中国播音与主持"大赛特等奖、"中国金话筒奖"。

比利·克里斯托夫

出生在美国纽约长岛，毕业于纽约大学电影系，年轻的时候就在这种演艺气氛的熏陶下，穿梭各咖啡厅与校园之间表演脱口秀。之后他以电视脱口秀以及喜剧节目《Soap》、《周末夜现场》窜红。1978 年演出电影处女作《Rabbit Test》，1989 年以《当哈利碰上莎莉》大受欢迎。

奥斯卡金像奖

奥斯卡金像奖（Academy Award）就是学院奖，由电影艺术与科学学院（Academy of Motion Picture Arts and Sciences）颁发。1928 年设立，每年一次在美国的好莱坞举行。半个多世纪来一直享有盛誉。它不仅反映美国电影艺术的发展进程而且对世界许多国家的电影艺术有着不可忽视的影响。

■ 独具一格的芭芭拉

芭芭拉·沃尔特斯是美国一位惊世骇俗的金牌女主持,她凭借自己的努力被称为"美国电视新闻的第一夫人"。芭芭拉的风格是独具魅力的,她以攻势凌厉的特色完成了一个又一个"不可能完成"的任务。

芭芭拉之所以能拥有今天的成就,正是因为她有一种与任何人都不同的风格。

1977 年,芭芭拉把时任埃及总统的萨达特和以色列总理贝京,同时邀请到了一起,进行了一次"不可能完成"的采访,这一次采访使芭芭拉达到了她职业生涯中最辉煌的时刻。

把两个敌对国家的领袖邀请到一起,做"访谈",这是一次具有重大意义的采访。两国领袖所面临的不是裁判人员,而是世界各地的广大公众。而芭芭拉所完成的,不仅仅是一项任务和一份工作。她的这次采访,对广大公众来说,是一种不同寻常的体验。

芭芭拉的采访风格自成一派,具有凌厉攻势的芭芭拉常常将问题设置在被访者的容忍或动怒的一线间。

在 2002 年芭芭拉对布什总统的专访中,她设置了如下问题:

如果我们在报告中找不到证明伊拉克有大规模杀伤性武器的铁证,那么你会说,这就是我们的证据吗?

有人说你那么想除掉萨达姆,是因为你的父亲对伊拉克开战而没有让萨达姆下台,这是正确的吗?

我的未来不是梦

169

观众给我们发电子邮件，有很多问题不是关于伊拉克，而是美国的经济。上周，我们获悉美国的失业率已经达到6%，并且还在恶化，这是否因为你的经济政策没有起到作用？

有舆论说你父亲没有获得连任，是因为他太不关注国内问题，那么你对此已有了足够的关注吗？

从以上芭芭拉的问题中，我们可以看出芭芭拉的主持风格，是自信而沉稳的，并且，她的采访视角非常独特，切入点也很敏感。

芭芭拉同时是一个足智多谋的人。有一次，在古巴举行的一次不结盟会议上，芭芭拉想要采访约旦国王侯赛因、巴解组织领导人亚西尔·阿拉法特和古巴领导人菲德尔·卡斯特罗，但是，看守严密的警卫使她无法靠近，更别说采访了。

于是，聪明的芭芭拉灵机一动，想出了一个法子。她让卫兵递给侯赛因一张纸条，纸条上写着："亲爱的陛下，我们可以确定我们的采访吗？我穿着粉红色的外套，坐在记者席上。如果你看见我，请挥手。芭芭拉·沃尔特斯。"

这几个人收到芭芭拉的纸条后，出来举行记者招待会。人们发现他们在记者席中不断寻视着什么，并在最后向芭芭拉挥了挥手。于是，芭芭拉得到了采访的机会。

在采访男人的时候，芭芭拉会充分调动女性的魅力所在，她会注意声音甜美而柔和，还有神态的热情奔放等等。在同行看来，她这样公开使用女性的魅力似乎是违背职业道德的行为。

但是曾经担任过卡特总统新闻顾问的拉夫逊则夸赞芭芭拉，说她的举止和她的眼神，其实是在说"请不要急，我是你的朋友。"然而那些政治家们，其实都是上了这个当的。

芭芭拉攻势凌厉的主持风格，和她足智多谋的人物性格，甚至包括她的那种"黑云压城城欲摧"的精神，使她渐渐成为了一个传奇人物。正是因为芭芭拉独特的个人风格和她特有的人格魅力，才使得那么多原本不愿意露面的神秘人物，却愿意走进芭芭拉的视线里，接受她的采访。

芭芭拉的采访对象大多数为权势人物，所提出的问题均是尖锐的，具

有挑战性的,并且直指锋芒。可是即便如此,还是有众多的被访者纷至沓来。从这就可以看出,别具一格的主持风格可以给主持人带来不一样的收益效果。

如果在面对被访者时,提出的问题都是些"你有什么感觉?"之类平平淡淡的问题,反而不会引起被采访者的关注,往往提出的是非常尖锐的问题,才会抓住观众的心,才能从中收获不同的果实。

往往这样的采访,才算是一次经典的,有意义的采访。而芭芭拉正是因为她拥有自己别具一格攻势凌厉的采访风格,才取得了她的成功。

逐梦箴言

千万不要丢失自己的个性,那是一个人唯一真正有价值的地方。个性是一个人生活在这个世界上的标志,是你与其他人的区别,因为个性,你就是你,而不是别人。

知识链接

芭芭拉·沃尔特斯

美国电视新闻历史上第一位女性联合主持人、尼克松首次访华团中唯一的女主播,采访过自尼克松以来每一位美国总统和第一夫人,五次获得艾美奖,当选过"历史上最伟大的流行文化偶像"、"20世纪最有影响力的妇女"。她见证甚至间接促成了无数历史事件与政治决定。现在,《试镜人生芭芭拉》以回忆录的形式,见证了这位传奇女性的一生。

我的未来不是梦

■ 蔡康永的"说话之道"

著名台湾艺人蔡康永凭借着《康熙来了》闻名于世，被认为是搞怪才子型的主持人。在搞笑的舞台上，他有时候会是一个冷静的观察者，在犀利的背后，他可能又会变成了一个温暖的提问者。

在这个热闹非凡的娱乐圈中，像蔡康永这样喜欢安静读书的人并不多，所以，蔡康永在娱乐圈中应该算是个怪人。但是表面上看起来书生气浓重的蔡康永，其实很多时候在节目主持中也是妙语连珠的。

虽然《康熙来了》已经做的风生水起，作为主持人的蔡康永已是公众人物，但是，蔡康永一直都在试图隐藏自己。《康熙来了》中，看起来一直都是小 S 徐熙娣在镜头前的出色表演，但其实蔡康永是一个隐藏起来的伏击者，他的问题往往都是一步到位。在《康熙来了》的舞台上，犀利问题的提问者往往是蔡康永。

《康熙来了》一期访问范植伟，有这样一段对话：

徐熙娣：那你当天坐在梁朝伟旁边，你真的没有主动跟他攀谈吗？

范植伟：有。

蔡康永：你跟他聊些什么？

范植伟：就想个话题，因为他就坐在旁边嘛，左边这个我也聊了，右边这个总觉得要讲两句话才对，就讲了，讲了两句话，他就……

蔡康永：你的话题很糟吗？

徐熙娣：该不会说我很喜欢你的电影？

范植伟:我大概有说了这样一句话,我很喜欢你的电影,我很喜欢你演的戏,大概有说这样一句,他可能觉得我讲得不够诚恳吧。

徐熙娣:所以他就也没回答什么,就默默的看着对方?

范植伟:他笑了一下。

最后,蔡康永便问了一个非常犀利的问题,他说:你觉得大明星在半夜四点钟听到一个临时演员跟他讲"我很喜欢你的电影",他会有兴趣跟你攀谈吗?

蔡康永的语言虽然犀利,但又带着诙谐的语气,调侃梁朝伟没有回应范植伟说话的原因,让人听了不禁会心一笑,但却没有不舒服的感觉。

蔡康永对于犀利的话语掌握了一个非常好的度,掌握好了这个度,不会触碰让人不舒服的底线,这也是蔡康永的说话之道。

同样是在采访范植伟这一期《康熙来了》里,有一个桥段是蔡康永发现范植伟的经纪人给范植伟写了一个指示板,内容是告诉范植伟不要动来动去。

当蔡康永看到这个指示板的时候,就非常自然的将指示板拿到镜头前来讨论,并在讨论过后说:"我们拒绝经纪人的要求,我们还是让他动来动去吧。"

蔡康永非常善于用这种自然直接的,而又不做作的态度,拉近与来宾之间的距离。

有一次,《康熙来了》有一期访问周慧敏。蔡康永设置了这样几个问题:

若你与男友吵架会怎么解决?

跟周慧敏合作的人都说你很温柔,但我读过一篇报道说,你第一次拍戏的时候就叫化妆师把你脸上的妆卸掉,你要自己重化一次啊?

如果你以前演戏演到你不喜欢的戏,难道也可以跟导演说,可不可以不要这样演,可不可以换个方式演?

听说你是为了倪震而退出演艺圈,不是吗?

你做明星以后,明星的生活你觉得愉快吗?

像这样的一些问题,虽然似乎是在诘问,但其实是给家宾留了一部分空间,让对方可以有喘息的机会。或者说在家宾解释事情的时候,它会帮助来宾用比较适合的言语来诠释。

因为《康熙来了》以搞笑辛辣著称,所以要求主持人就需要从嘉宾身

我的未来不是梦

上，想方设法的挖掘出观众想要知道的信息。当他在访问中触及到来宾比较隐私的问题时，例如感情生活、绯闻、传闻等等，他又不会像记者那样咄咄逼人，而是选择用比较委婉的态度语气，或者是旁敲侧击的方法，让来宾抒发自己的想法。

蔡康永通过电视节目，运用于人际关系上的语言，虽然是犀利的，但不失幽默诙谐。同时作为作家的他，还是个文人，但是在节目中，他不会用非常难懂的字句。他常常会适时地提出令人出乎意料的问题或者是看法，从而使大家都集中注意力来跟随着他的方向思考问题。

逐梦箴言

正是因为每个人有个性，才有了一种文化的个性，才有了一个民族的个性，才有了一个国家的个性。不要因为一时的失意而放弃自己的个性，放弃自己的原则，相信只要坚持，你的未来一片光明。

知识链接

蔡康永

台湾著名节目主持人、作家。父亲蔡天铎是台湾著名的律师。曾就读于再兴中学、东海大学外文系。1990 年获得美国加州大学洛杉矶分校电影电视研究所编导制作硕士学位后，返回台湾参加电影制片及编剧、影评的工作。主持过众多知性节目。其名人访谈节目《真情指数》和青老年人沟通节目《两代电力公司》、综艺访谈节目《康熙来了》最为成功。曾连续 4 届主持金马奖颁奖典礼。蔡康永也曾出版过多散文著作，包括《痛快日记》、《LA 流浪记》和《那些男孩教我的事》等畅销书。2011 年，荣登"2011 第六届中国作家富豪榜"第十位，引发广泛关注。

■ 机敏的主持人更能博得观众的喜爱

不同类型的节目中，主持人的风格也是大不相同的，每个主持人都有自己的特点和特色。而每一个主持人由于自己的风格不同，在台上的表达方式也是各有其特色的。在主持人所应该具备的多种能力中，反应机敏应该是不可缺少的一项。

由于综艺节目的现场感较强，有时会发生一些不可预测的突发事件。这对主持人提出了很高的要求，不仅要把节目主持好，还要有处理好种种突发状况的能力。

作为综艺节目的主持人，要求主持人有很强的应对能力。一定要机敏，要及时作出反应，才能使节目顺利的进行下去。

杨澜就是这样的主持人。有一次杨澜应邀主持一个晚会。就在她介绍完一个节目准备谢幕退场的时候，她不小心被绊倒了，顿时，全场一片哗然。

可是摔倒的杨澜并没有因此而影响她的主持，机敏的她，临乱不惊。还在轻松地调侃道："真是'人有失足，马有失蹄'呀，我刚才狮子滚绣球的节目还算熟练吧？看来这次演出的台阶不那么好下，但台上的节目会精彩的。不信，你们瞧他们。"

话音落下，全场的观众立刻报以热烈的掌声。

杨澜的机敏反应不仅给自己摆脱了尴尬的境遇，也给观众留下了深刻的印象。

我的未来不是梦

通过自己的机敏而使节目达到不同效果的主持人不仅杨澜一个人，著名主持人李咏也有过这样的经历。我们来看看他的经历。

有一次，李咏主持《非常6+1》时，排在第一位的挑战者是一位非常漂亮的女生，但是遗憾的是，这位漂亮女生很快就被淘汰出局了。

接着第二位上场的，是一位男生。李咏当时在与这位男生交流的时候，总是不经意地把他当成了之前的那位女生，这位男生无奈之下适时提醒了李咏。虽然男生的提醒也引起了李咏的注意，但这样的错误又接二连三地出现了。

当时，已经有很多观众显示出他们的不满情绪。就在这种非常窘迫的情况下，李咏非常镇定，他并没有做出任何解释，而是将小拇指轻轻放进嘴里，做出一个咬手指的动作，就好像在告诉观众：李咏是真的在承认错误。

接着，他忽然一个转身，把头转向观众，扮了个鬼脸，笑着对大家说："谁叫她是女生呢？"

他的潜台词，实际上是说，她是个美眉，所以记住她是理所当然的。

李咏机智而幽默地使自己从尴尬的境遇中走出来，并且令观众为之一笑。扭转了现场的气氛和局面。

还有一次，李咏在录制《幸运52》的时候，还没有开机呢，机器却出了故障。在等待的时间里，观众渐渐发出不满的声音。负责热场的女导演也束手无策，于是，导演就命令李咏去救一下场。李咏大概问了一下需要多长时间，工作人员说估计五六分钟机器就能修好了。于是李咏就上了舞台，给大家讲起了逗乐的小故事，逗的观众们乐呵呵的。

可是没有想到的是，五分钟过去，有工作人员端上去了一把椅子递给李咏，示意他坐下，暗示机器一时半会儿修不好，李咏的心中也在暗暗叫苦。

但是没办法，只能一个笑话接着一个笑话地讲下去了。这样讲了将近40分钟的时间，眼看故事就要没有可以再讲的了，机器终于修好了。

可没有想到的是，听故事听得乐不可支的现场观众，却不想看节目了，他们喊着："不看节目讲故事！不看节目讲故事！"

这是一次开机前的故障，主持人为了能保证接下来能够顺畅地进行节目

录制,维持观众对节目的热情,需要偶尔做回"热场"。李咏的这次"救场"的经历,虽然最后弄得感觉很累,但是,我们可以看出李咏作为一个主持人,用自己幽默诙谐和机智,赢得了观众的心,并且展现了他的人格魅力。

一名优秀的主持人,一定要有现场应变的机敏能力,这样才能更好的解决现场的突发情况,从而使节目可以顺畅地进行。

逐梦箴言

主持风格的形成,有着多方面的原因,既关系到主持人的自身条件,又关系到他所处的外界环境,由于主持人思想感情、生活阅历、审美情趣及知识层次的不同,在理解和表达上也必然各不相同,再加上时代的需要,民族的习惯及生活的特点,必然对主持人产生直接的影响。也决定了主持人独具个性的主持风格。

知识链接

《幸运 52》

《幸运 52》是一档打破娱乐类、知识竞赛类节目界限,有机地将游戏与知识普及融为一体,充分调动观众参与热情的益智节目。知识性、游戏性与竞赛性并重,是中央电视台首次以场内外互动方式开设的益智性互动节目。

《非常 6+1》

《非常 6+1》由中央电视台当红主持人李咏披挂上阵担纲主持,李咏不仅将其诙谐、辛辣、火爆的主持风格发挥得淋漓尽致,更以"无厘头"的脱口秀引领电视节目主持的新风范。他在 70 分钟的节目中,将分别带领三位选手踏上辉煌的梦想舞台,三位选手将以全新的面貌彰显明星般的风采,现场观众还将根据他们的表演投票选出最佳表演者,并获得《非常 6+1》的隆重嘉奖。

我的未来不是梦

177

◦ 智慧心语 ◦

幽默不是屈从的，它是反叛的。这不仅表示了自我的胜利，而且表示了原则的胜利。快乐原则在这里能够表明自己反对现实环境的严酷性。

——弗洛伊德

生活的目的就是自我发展。我们这儿每个人都在追求完善地认识自己的天性。现在人们怕他们自己，他们忘了最高尚的责任，就是个人对自己应付的责任。

——奥斯卡·王尔德

一个人的个性应该像岩石一样坚固，因为所有的东西都建筑在它上面。

——屠格涅夫

文学的根本材料是语言。

——高尔基

一个机敏谨慎的人，一定会交一个好运。

——培根

第十章

我的未来不是梦

○导读○

　　歌德说，"哪里没有兴趣，哪里就没有记忆。"良好的兴趣可以让人们热爱生活，适应环境，可以成为一种向上的精神支柱；可以使人们克服各种各样的困难和险境，培养出顽强毅力，并沿着既定的目标奋勇前进！因此，兴趣和爱好决定人生的方向，如果一个人不知道他要驶向哪个码头，那么任何风都不是顺风！

■ 人生需要规划

有的人活着,却不知道为什么而活;有的人活着,则是不知道如何生活才更有意义。之所以有这样的质疑,是因为他们对自己的人生没有一个好的规划。生活就好像是一场博弈,你不去规划它,那么它就会来规划你。有很多人就是脚踩着西瓜皮,滑到哪里算哪里,也有很多人抱着走一步看一步的心态,可是走了几十年之后,却发现自己依然在同一个圈子里一圈一圈地兜着。

有许许多多的年轻人会带着这样的困惑走到中年,他们之中可能有的成功了,也可能有的失败了,更多的也只是平庸地活着。

其实在我们的一生中,有无数条单行线,每一条都通往未来。有很多人不假思索随便走上了一条路,也有些人刻意地走错了路。可是不管走了哪条路,也不管是抱着什么样的心态走上那条路的,只要选择了,就无法回头。

人的一生,不是用来探究的,而是要有选择地活着,并且精彩地演绎着我们的生活,才是美好的人生。

所以,我们要活得多姿多彩,然而多姿多彩的生活中不能没有梦想。只有心怀梦想,才能志存高远。而当我们有了梦想之后,就需要实实在在的规划,这样梦想才会实现。

肯定有人会想,到底什么才是人生的规划? 其实人生规划,就是一个人根据社会发展的需要,和个人发展的志向,对自己未来的发展道路做出

的一种策划和设计。而人生规划包含了两个部分,一个是学习规划,另一个则是职业的规划。

做好人生规划的意义是非常重大的。人生规划是我们在规划我们自己人生的同时,可以更理性的思考自己的未来。当我们初步尝试性的选择了未来适合自己从事的事业之后,从学生时代开始培养自己适应未来职业需要的综合能力和综合素质。

另一方面,人生规划还可以帮助我们确立人生目标,从而来制定为了目标而行动的措施。这样既能增强我们的责任感,也能增强学习的动力。

一举多得的事情,何乐而不为呢!

五年前,当我走进广播电视专业的时候,我也是一个怀揣着小梦想的女孩。那个时候,电视行业对我来说就是家中摆着的一台电视机。我从来不知道我还可以接触到那个冰冷屏幕后面的世界。而如今,当我坐在这里写下前面这些篇的文字时,虽然依旧不是什么大人物,但是我发现,在不知不觉中,我已经对那个冰冷的屏幕有所改变了。对我来说,屏幕的后面再也不是一个冰冷的世界,而是一个充满了梦想,充满了拼搏,充满了人情冷暖的世界。而这个世界教会我的,不仅仅是知识,更重要的是培养了我的能力。

当人们接触到一个全新的事物时,一定会增加对这个全新世界的兴趣和探索欲望。而当你开始进行探索,并在探索的过程中产生浓厚兴趣的时候,便萌生了一种想要一直做下去的渴望。

这就形成了一个梦,当心中有梦的时候,就会不顾一切地去寻梦。这个寻梦的路程,是颠簸而又曲折的。其实,这也是一个人生规划的过程。

为了让更多的人能少走些曲折的弯路,我写出这些篇章,找出一条便捷的道路来给喜爱播音主持的朋友们,让这些朋友能更方便地了解这个行业的酸甜苦辣。以便更好地做出自己的人生规划。

主持人作为传播者在节目中的作用

　　节目主持人的发展前景是在主持人角色定位的转化过程中，主持人的素质、水平和把握角色的能力固然重要，但是媒体本身所起的作用更大。节目主持活动并不完全是主持人个人的体现，而是作为一个大系统里面的一个部件存在并代表媒体，主持人同时也从所在的媒体获得营养。如：湖南电视台的大部分栏目都有专门的形象设计和节目策划人员，帮助主持人确定合适的节目内容，设计易为观众接受和欣赏的角色定位，例如，何炅之才思敏捷、汪涵之沉稳潇洒、谢娜之幽默搞笑，都是个人特质被发掘，有意识培育而致。中国广播电视事业在不断发展，观众对主持人的要求也越来越苛刻。我们的目光除了聚焦于审视节目是否有市场外，也不可忽视主持人角色定位的培育，对一个具备良好创意和市场空间的电视节目所起到的作用。

　　主持人在大众传播过程中占据着十分重要的地位，他是节目的灵魂，决定着节目的成败和传播效果。下面说说主持人的作用。

　　我国的节目主持人是处在国家经营的大众传播机构之中，是国家传播组织的一员。从与媒介的关系来看的话，主持人这个角色是一个不折不扣的"宣传工具"。然而主持人的一切传播行为都必须无条件地服从执行党的意志。

　　所以，我们的节目主持人理所当然地要宣传中国共产党的纲领、方针、政策。在这一点上，没有以发挥"个性"为由做任何偏移的理由。

　　电视节目丰富多彩，才可以吸引观众的注意。而节目主持人的不同面貌、风格、个性和形象，还有不同的主持方式，都决定了节目的类型和性质。

所以，主持人的个性风格是节目多样化的重要表现形式。从某种意义上来说，主持人就是电台或者电视台的"台标"。

同时，主持人还是广播电视节目质量的一个"把关人"。

在主持人节目中，主持人有主动权、控制权和决定权，因此节目质量的好坏高低，效果的优劣，都是与主持人息息相关的。最重要的一点，主持人是节目的"灵魂"。主持人在节目中所处的支撑地位，决定主持人在节目中起着主导作用。主持人是广播电视传播过程中的一个重要角色，特别是在广播热线直播节目中。所以主持人是社会舆论的倡导者。主持人形式的出现，冲破了以往用录像带和磁带构筑的隔离墙，体现了主持人与参与者的平等关系。所以主持人是广播电视节目联系受众的一个桥梁。

主持人的出现使广播电视节目包含了更多方面的内容，也使广播电视节目的形式得到了更大的变化和发挥空间。主持人通过对节目内容的精心组合与衔接，就可以实现各个单元之间的自然过渡。这样既保证了节目的完整性，又适应了多种内容合理安排的需要。于是节目的内容得到了丰富，节目的质量得到了提高。

主持人不同于播音员，播音员的主要职责，是通过声音感情忠实地传达节目的思想内容。而主持人则要根据不同节目类型的需要，从自身的播音特点出发努力创造出多种节目风格，允许在保证节目总体风格不变的前提下，充分发挥个人的播讲特点，这也是主持人主持节目的必要条件。再加上主持人采用谈话的方式进行播讲，语言生动活泼、亲切自然，比播音员的书面语多了随意性和灵活性，于是节目也就具有了生动、富于变化的条件。

节目主持人最大的长处就是打破了采、编、播长期分割的状况。一方面主持人参与到了节目的全过程，另一方面主持人的个性特点达到了最大限度地发挥，增强了节目的个性魅力。

没有相当的文化底蕴和人生积累是无法成为一个真正意义上的主持人的。如果生源的文化基础太差，即使有再好的教员也无法将他们培养成为合格的主持人。如果是作为考生自身来讲，就更应该格外注重平时的文化学习和知识的积累。

节目主持人的分类及其工作职责

节目主持人的分类关键在于标准的选择,而标准的选择则取决于分类的目的。

若按照主持人的本质可分为 8 类。

第一类为新闻节目主持人。新闻节目主持人又可细分为新闻联播节目主持人、新闻论坛节目主持人以及访问节目主持人。

第二类为综艺节目主持人。这一类可细分为综艺欣赏节目主持人、综艺讨论节目主持人、综艺专访节目主持人以及板块节目主持人。

第三类为服务节目主持人。此类又可分为综合服务节目和定向性专门服务节目两种主持人。

第四类为儿童节目主持人。

第五类为体育节目主持人。细分为体育新闻节目、体育赛事节目和综合体育节目三种主持人。

第六类为教育节目主持人。这一类基本上划分为科学、文化、知识、法律和时事五种类型。

第七类为对象性节目主持人。对象性节目面对不同的收视对象而设立的,在我国分为青少年、老年、解放军和对外节目。

第八类为特备节目主持人。这类主持人一般由著名的专职节目主持人或特邀嘉宾主持人来主持。

如若按照主持人的现象分类,又可分为主动式和被动式两类。主动式

的主持人在节目中起主导作用，又被认为是高级主持人。而被动式的主持人对节目构思、文稿撰写、基调把握等都处于被动地位，因此被视为初级主持人。

将主持人分类对于主持人的实践活动具有指导意义，有利于主持人找准定位，发扬独特的风格，并有利于主持人自身素质的提高。我国的电视节目主持人经过实践摸索之后，在整体水平上有了很大的进步，但是，一些主持人为了显示自己的能力，在不同性质的节目中主持节目。这是一种没找准自己定位的做法。

主持人类型划分不仅仅是促成主持人的相对稳定，还要在稳定的基础上逐渐形成自己的个性风格，从而树立主持人的权威形象，并得到观众的认可和信赖。正因为主持人对类型划分有了清楚的认识之后，主持人才能自觉地而不是盲目地去从事实践活动。

另一方面，将主持人分类对于主持理论研究具有指导意义。科学的分类有助于对节目主持人有更好的研究，同时，也可以使我们对具有一定属性关系的不同主持人有一个比较。

主持人的分类导致了范畴的固定化，这是分类方法本身局限性的一个表现。而另一个表现就是难以划分亦此亦彼的类型。世界上的任何事物，都是以往历史上的事物发展而来的。总会有一些事物处于亦此亦彼的中间状态。

主持人的分类毕竟只是根据某一类主持人的属性对事物进行相对固定的划分，不可能全面反映事物多方面的联系和区别。随着电视节目的发展，主持人的类型划分也要不断变化。

主持人在工作的时候，必须明确自己的工作职责是什么。俗话说的好"没有规矩，不成方圆"，当我们有了明确的职责要求，才能把握好工作的重点，才能更好的发挥主动性和积极性。但是由于媒体不同，节目性质也有所不同，这就对主持人的要求也不相同。

我们先来说说播音员的工作职责。

作为播音员为了更好地适应节目，应该参与节目制作。包括节目的构思与策划，确定目的、宗旨、基调以及节目的主要内容等等操作过程。这样

可以使播音员的个体思维与节目制作群体的思维有机地融合在一起。

　　播音员还要参与采集节目构成元素的工作,这样可以使播音员对节目涉及的相关资料等组成部分有了清楚的了解。

　　当然,节目播音是整个节目运作过程中的最高阶段,是播音员、节目和受众三方相互交汇的层面。同时也是主持人努力实现个人综合能力的体现。播音员在这一环节中应以个人的身份同受众交流,传播信息,并发挥个人才能,施展个人魅力来表达和深化节目主题。

　　受众是媒体的服务对象,也是节目的主人。加强与听众的沟通是媒体不断改进工作,满足时代发展需要的优秀广播文艺节目的重要保障。加强与受众之间联系和沟通有很多种形式,有节目本身的,也有从节目前期的选题或策划请受众参与到节目中的。

　　为了保障节目的质量,媒体还应听取广大受众的意见,这离不开调研工作。通过调查公司提供的有关节目数据、受众数据等来监测节目的接受状况,并作出相应的调整。

　　说完播音员,再来说说电视节目主持人的工作职责。

　　主持人在节目中是处于主导地位的,主持人的主要职责就是组织、串联一次次节目的每一个部分,但也可以直接向观众传播信息。

　　在节目中,主持人控制着节目的气氛,掌握这个节目的进度,推动着节目的发展。这在受众的心中,主持人就像主人一样,发挥着不可替代的作用。同时,节目主持人也是节目的"魂"。这就要求主持人应该增强节目的现场感和观众的参与感,直接面对观众交流,使观众犹如身临其境,参与到节目的某些过程中来。

　　出现了板块式的节目组和形态时,也是主持人的职责之一,把一次节目包括台前幕后的每一个部分、每个版块、各个方面的信息组织,串连成一个整体。

　　而主持人最主要的职责也就是最后的主持工作。他要以电视台或电视节目主持人的身份向观众广播、组织、串联节目的各个部分。在镜头前,主持人应当具有鲜明的个性和风格,同时还要富有魅力。

■ 做一名主持人所具备的条件和素质

　　任何主持人并不是生来就具备做主持人的各种条件,而是经过后期培养和塑造,最后方可成功的。这个培养过程虽然时间不长,但需要做出大量的工作才能完成。

　　能否成为主持人并不是先天注定的,只要是健康的正常人,只要经过悉心的培养以及调教,都可以成为主持人。问题就在于,任何一个电视台或者电台,在选择播音员与主持人的时候,都不可能是为 10 年或 20 年之后的栏目做提前准备的。

　　所以一定会考虑时间因素,只会挑选那些在短时间内就可以培养成为成功的主持人,才是最合理,也最符合实际的。

　　一个优秀的主持人,虽然不是天生的,但是,这一行业的性质和特点决定了做主持人就要具备一定的基本要求。

　　比如,要有良好的敬业精神、良好的文化功底,还要有较强的思辨能力,以及丰富的知识面。另外,准确而流利的表达能力和良好的音质,以及较好的外貌等等这些条件都是必要的。但是这些条件中,有的是无法经过后天培养就可以的,一定是先天具备的。

　　主持人的成型环境是诸多因素构成的,有一些不可忽视的因素,比如,社会大环境的影响、周围小环境的影响和受众的反馈。受众是既宽容又苛刻的评委,他们对主持人所做出的每一次努力都能体察到。

　　社会大坏境对主持人的成长有很大影响,这种影响需要经过一段较长

的时间才会看到的。而周围小环境对主持人的成长影响应该是最直接,也是最明显的了。最简单的来说,同行对主持人的理解支持就是主持人成长中十分重要的因素。

如果想成为参天大树,主持人除了自身条件之外,还需要有良好的生存坏境。如果领导和同行多施予阳光雨露,相信主持人可以健康的茁壮成长起来。

我国主持人主要有四个来源:

一是来源于正规院校或脱胎于播音员。二是来源于其他院校而成为主持人。三是从演员到主持人。四是从各行各业转型而来。

所以说,不一定非要科班出身的人,经过专业培训和专业训练,才可以做主持人。只要有梦想,只要有人生规划,只要踏实肯干,就一定能成为优秀的主持人。

当一个一个光鲜亮丽的主持新人出现在我们面前时,一定有很多人投去羡慕的目光,然而他们"幸运"的背后,都有着艰苦的路途。有好多主持人的经历看起来成功就好像是靠机缘,如果真的是机缘的话,那么这份机缘不会无缘无故地恩赐给谁的,它总是降临给有准备的人。

在广播电视的激烈竞争下,电视节目非常繁荣,而那些跃跃欲试的想要成为主持人的年轻朋友们,最关键的在于有没有勇气去尝试,去挑战,去创造机会。并且通过自己的努力去获得成功!

梅花香自苦寒来。在艺术之路上,成功不是幸运女神的垂青,不是上天的恩宠,而是自己付出的回报、汗水的凝结和辛勤的结晶。

■ 主持人的成功也是有规律可循的

我们从主持人成功的事迹中，也是可以寻找到规律的。实践出真知，通过考察主持人的实践活动，可以从主持人成功的标志、时机和周期等多方面来归纳其成功的规律。

成果是一个人成功的标志，就是主持人在实践中获得的成就。主持人只有取得社会所承认的实践成就，才算是取得成功。实际上，成就就是主持人实际能力的体现，而不单纯是学历或资历。高学历、高资历不代表主持人能取得实际成就，它们是主持人成功的充分条件，可并不是必要条件。

每个人都有成功的时候，只不过是早晚不同，有的是少年得志，而有的却是大器晚成。这其实就是成功周期的差别。因为主持人工作的特殊性，就决定了主持人的成功一定是要经过一个时间不短的周期。

主持人的任务是传播信息、交流信息、沟通社会。如果一个主持人的思想贫乏，在政治上幼稚，而且头脑简单，那么这个人一定没办法适应主持人的工作。对于一个主持人来说，社会实践活动是非常重要的，整个实践的过程，其实就是成功周期的重要组成部分。

有句俗话说"机不可失，失不再来"，这就说明了把握时机的重要性。时机对于主持人来说是具有偶然性的，在同样的机遇下，有的人可以从纷繁复杂的社会中辨别出什么是重大题材，并抓住不放，因而获得了成功。而有的人，则视而不见，白白丢掉时机。这就是主持人有没有把握时机的意识，同时也是一个新闻从业人员新闻的敏感度不够。

一个主持人要想获得成功,必须经过长时间的刻苦实践,并有效地把握各种时机,取得优异的成绩,用累累硕果来证明自己。

主持人的成功,也是有一定条件的。

主持人需要直接面对受众.因此,研究受众、把握受众是非常必要的。既要把握住受众的心理状态,又要设身处地的根据受众的角色特点来进行信息传播。这既是主持人的基本职责,同时又是主持人成功的必备条件。

只有站在受众的立场上,才能使主持人重新审视自己,并且增进对受众的了解,从而使节目更加受欢迎。

主持人一定要了解受众的心里变化,这有利于媒体完善自己,并提高水平,以便更好的满足受众的要求和需要。

主持人的人格魅力可以对受众产生极强的影响。因此,人格印象和人格魅力,是一个成功的节目主持人必须具备的素质。

节目主持人的魅力,就是节目主持人所具备的,通过所主持的节目表现出来的一种能够吸引广大观众的力量。

有许多成功的主持人都具有各自独特的人格魅力,这在前面篇章中,已通过故事体现出来了。

成功的主持人不仅从"人"的角度出发,而且还要从"主持"的角度出发。要做到秀外慧中,形神兼备。

主持人的人格魅力还会体现在热情、善良、真诚和可信度等方面。

其实主持人的人格魅力反映的就是主持人的综合素质,这种素质既有外在的,还有内在的。主持人如果想要赢得观众,既要具备较好的声音,同时外部条件也要优秀,最重要的是要具备良好的思想、学识水平,以及应有的专业能力等素质。

在我的写作过程中,我结合了众多主持人在主持过程中发生的一些真实故事,来展现出主持人这个行业的特点,要求,和所需要具备的基本素质,以及从中得到的感悟。单纯的理论一定让人头疼,可是人们对故事的热衷程度,是从孩提时代就留下来的。讲故事的形式,更能让人了解主持人背后的事情。希望可以为大家带来帮助,并一起放飞梦想!

我的未来不是梦

你好！我是主持人！

●智慧心语●

　　人生最苦痛的是梦醒了无路可走。做梦的人是幸福的；倘没有看出可以走的路，最要紧的是不要去惊醒他。

——鲁迅

　　梦想一旦被付诸行动，就会变得神圣。

——阿·安·普罗克特